मैं
अरविंद
बोल
रहा
हूँ

इस श्रृंखला की पुस्तकें

मैं अरविंद बोल रहा हूँ

सं. गिरिराजशरण अग्रवाल

प्रकाशक

प्रभात प्रकाशन प्रा. लि.

4/19 आसफ अली रोड, नई दिल्ली–110002

फोन : 011–23289777 • हेल्पलाइन नं. : 7827007777

इ–मेल : prabhatbooks@gmail.com ❖ वेब ठिकाना : www.prabhatbooks.com

संस्करण

2025

पेपरबैक मूल्य

तीन सौ रुपए

मुद्रक

श्री साई प्रिंटर्स, साहिबाबाद

———— ★ ————

MAIN ARVIND BOL RAHA HOON

(Thus Spake Maharishi Arvind)

Ed. Giriraj Sharan Agrawal

Published by **PRABHAT PRAKASHAN PVT. LTD.**

4/19 Asaf Ali Road, New Delhi-110002

ISBN 978-93-5048-073-1

₹ 300.00 (PB)

यदि किसी जाति और सभ्यता की महानता का मूल्य उसकी सैनिक आक्रमणकारिता, उसकी विदेश-विजय के मापदंड, अन्य राष्ट्रों के साथ युद्ध में उसकी सफलता तथा उसकी संगठित धनलिप्सा और डकैती की प्रवृत्तियों की विजय, राज्य-विस्तार और शोषण के लिए उसके अदम्य आवेग के द्वारा आँका जाना हो तो यह स्वीकार करना पड़ेगा कि जगत् की महान् जातियों की सूची में भारत शायद सबसे नीचे स्थान पाएगा!

महर्षि अरविंद

अध्यात्म-पुरुष

संसार को आध्यात्मिकता, राष्ट्र को राजनीतिक चेतना तथा समाज को समन्वय की संस्कृति का ज्ञान देकर जिसने हमारे सांस्कृतिक इतिहास तथा राजनीतिक चिंतनधारा को सबसे अधिक अलंकृत किया, उस व्यक्तित्व का नाम है—महर्षि अरविंद घोष।

गांधीजी से पूर्व भारत के बुद्धिजीवी वर्ग को राष्ट्रीयता की भावना से ओतप्रोत करके श्रीअरविंद ने स्वाधीनता के बारे में सोचने को विवश कर दिया था। अरविंद कुशाग्रबुद्धि और अध्ययनशील तरुण थे। अपनी प्रतिभा और योग्यता के बल पर वे आई.सी.एस. की सर्वोच्च परीक्षा में उत्तीर्ण भी हुए, किंतु आई.सी.एस. का आकर्षण भी अरविंद जैसे चिंतनशील तरुण को लुब्ध न कर सका। वस्तुतः वह विशाल राष्ट्र उनके नेतृत्व की प्रतीक्षा कर रहा था।

अरविंद ने भारत की आराधना माता के समान की। भारतमाता को स्वाधीन करने के लिए उन्होंने निरंतर संघर्ष किया और संघर्ष की प्रेरणा उन्हें स्वयं ईश्वर से प्राप्त हुई। भारत की स्वतंत्रता के माध्यम से वे विश्व-मानवता की सेवा करना चाहते थे। अपने विचार उन्होंने एक उपदेशक के रूप में प्रसारित नहीं किए, वरन् एक कर्मयोगी के रूप में उन्होंने राजनीति को स्पंदित किया।

अरविंद समाज के जीवन को विशुद्ध राष्ट्र-चिंतन से परिपूर्ण कर देना चाहते थे। उन्होंने विचाराभिव्यक्ति की स्वतंत्रता, संगठन-निर्माण की स्वतंत्रता तथा सर्वजनिक सभाएँ आयोजित करने की स्वतंत्रता को एक शक्ति के रूप में स्वीकार किया। स्वतंत्रता के ये अधिकार उनके लिए मानव-मूल्य भी हैं और उदात्त अभिव्यक्ति भी। इन अधिकारों के लिए उन्होंने राजनीतिक और आध्यात्मिक दोनों मंचों पर जीवन भर संघर्ष किया।

भारतीय स्वतंत्रता के संदर्भ में उन्होंने कहा था—किसी भी राष्ट्र के सुस्वास्थ्य तथा जीवंतता के लिए स्वतंत्रता पहली आवश्यकता है। विदेशी प्रभुत्व अप्राकृतिक स्थिति का

सूचक है।

राष्ट्रवाद को उन्होंने राष्ट्र तथा नागरिकों के लिए वरदान माना। उनका राष्ट्रवाद इतिहास से प्रेरित था। उसे उन्होंने उसे धर्म के रूप में स्वीकार किया, रचनात्मक अभिव्यक्ति के रूप में अनुभव किया···राष्ट्रवाद ऐसा धर्म है, जिसे तुम्हें अपने जीवन का आधार बनाना होगा। वह ईश्वरीय शक्ति का प्रतीक है। राष्ट्र अमर है, वह मर नहीं सकता, क्योंकि यह कोई भौतिक वस्तु नहीं है, बल्कि ईश्वरीय देन है, युग की आवश्यकता है।

उनका मत था कि स्वराज्य के बिना राष्ट्र मूर्च्छित के समान है। भारतीय राष्ट्रवाद का जन्म ही स्वतंत्रता की आकांक्षा के साथ हुआ। कोई भी राष्ट्र स्वराज्य के बिना अपनी उन्नति के सोपान नहीं बना सकता।

उन्होंने मानव-कल्याण की दृष्टि से ही राजनीतिक कार्यों में भाग लिया था। वस्तुत: उनके कार्यों की सिद्धि आध्यात्मिकता में दिखाई देती है। उन्होंने राष्ट्रवाद का समर्थन किया, किंतु उनका राष्ट्रवाद किसी भी प्रकार संकीर्ण विचारों का पोषक नहीं था वरन् विश्व-मानवता की सेवा के लिए प्रेरित करता था।

अरविंद मूलत: आध्यात्म-पुरुष थे। वे प्रकांड पांडित्य और गहन अंतर्दृष्टि के व्यक्ति थे। साधना के माध्यम से विश्व को दिव्य, निर्मल और मधुर जीवन देने के लिए उन्होंने योग को स्वीकार किया और कर्म, ज्ञान एवं भक्ति के माध्यम से सत्यान्वेषण का प्रयास किया।

विज्ञान को वे मनुष्य की समस्याओं का समाधान नहीं मानते। विज्ञान केवल भौतिक सुखों में वृद्धि कर सकता है, आंतरिक सुख की उपलब्धि विज्ञान के पास नहीं है। विज्ञान ने मनुष्य को भौतिक सुखों का आवरण तो दे दिया है, किंतु उसकी वास्तविक शांति को एकदम छीन लिया है। इसी कारण अरविंद ने विज्ञान से पहले धर्म की बात सुनने का आग्रह किया था। योग की साधना उन्होंने व्यक्तिगत मुक्ति के लिए न करके लोक-कल्याण की आशा से की थी ताकि समूह के आचरण, चिंतन और दृष्टिकोण में व्यापक परिवर्तन आ सके।

ऐसे क्रांतिकारी विचारक, महान योगी, विश्व-मानवता के उन्नायक, आध्यात्मिक पुरुष महर्षि अरविंद घोष की चिंतनधारा से परिचित कराने के उस संकल्प के साथ यह संकलन प्रस्तुत है।

—गिरिराजशरण अग्रवाल

युगद्रष्टा श्रीअरविंद घोष

श्रीअरविंद का जन्म 15 अगस्त, सन् 1872 को कलकत्ता में हुआ। वह डॉ. कृष्णधन घोष और श्रीमती स्वर्णलता देवी की तीसरी संतान थे। उनके पिता प्रथम भारतीय सिविल सर्जन थे और इंग्लैंड में चिकित्सा का उच्च प्रशिक्षण पाकर आए थे। इंग्लैंड से लौटने के पश्चात् उन्होंने अपने गाँव के रूढ़िवादी लोगों की इस माँग को ठुकरा दिया कि समुद्र पार करने के कारण वे प्रायश्चित्त करें। ऐसा प्रायश्चित्त करने की अपेक्षा डॉ. घोष ने उस गाँव को सदैव के लिए त्याग देना ही उचित समझा।

श्रीअरविंद के पिता डॉ. घोष अंग्रेजी जीवन-पद्धति से अत्यधिक प्रभावित होकर भारत लौटे थे। स्वभाव, विचार और आदर्श में वह इतने अंग्रेज बनकर आए थे कि बालक अरविंद केवल अंग्रेजी और हिंदुस्तानी बोलते थे। इंग्लैंड से लौटने के बाद ही अरविंद अपनी मातृभाषा सीख सके थे। डॉ. घोष का निश्चय था कि उनके बच्चों का पालन-पोषण बिलकुल अंग्रेजों जैसा होना चाहिए। इसीलिए अरविंद को प्रारंभिक शिक्षा के लिए दार्जिलिंग के एक कॉन्वेंट में प्रवेश दिलाया गया। सात वर्ष की अल्पायु में ही अरविंद को शिक्षा-दीक्षा के लिए इंग्लैंड भेज दिया गया, जहाँ उन्हें ड्रिवेट नाम के पादरी के संरक्षण में छोड़ दिया गया। अंग्रेज पादरी और उसकी पत्नी को यह निर्देश दिया गया था कि उनकी संतान किसी भारतीय से परिचित न हो सके और उन पर किसी प्रकार का कोई भारतीय प्रभाव न पड़ने पाए। इन आदेशों का अक्षरशः पालन हुआ। ड्रिवेट परिवार में अरविंद ने न केवल ईसाई धर्म के ग्रंथों का गहन अध्ययन किया वरन् अंग्रेजी साहित्य के महान् साहित्यकारों से भी उनका परिचय हुआ। शेक्सपियर, शैली और कीट्स से उनका परिचय रागात्मक प्रेम में बदल गया। अंग्रेजी साहित्य के माध्यम से अरविंद ने ब्रिटिश चिंतनधारा का भी अध्ययन किया। इंग्लैंड में रहकर ही उन्होंने ग्रीक और लैटिन भाषाओं का अच्छा ज्ञान प्राप्त कर लिया।

सन् 1885 में ड्रिवेट परिवार को आस्ट्रेलिया जाना पड़ा। तब श्रीअरविंद को लंदन के सैंट पॉल स्कूल में भेज दिया गया। सन् 1889 तक अरविंद सैंट पॉल में रहे। यहाँ की शिक्षा पूरी करने के बाद उन्होंने कैंब्रिज के किंग्स कॉलिज में प्रवेश प्राप्त किया। उनकी विशेष रुचि और योग्यता को देखकर उनके प्रधान अध्यापक उनसे बहुत अधिक प्रभावित हुए। अनके पिता की व्यावसायिक आय पर्याप्त थी, किंतु पिता से पैसा बहुत अनियमित रूप से आता था। अपनी उदार और दानशील प्रवृत्ति के कारण वे अपने पुत्र को पर्याप्त धनराशि नहीं भेज पाते थे। फलस्वरूप अरविंद अल्पायु में ही निर्धनता के अभिशाप को समझने में सफल हुए। एक स्थान पर अरविंद ने लिखा है : 'एक साल तक हमारा खाना सुबह को एक या दो सैंडविच, डबलरोटी, मक्खन और चाय के प्याले तक सीमित रहा। शाम को एक पेनी के सेबलोय तक।'

श्रीअरविंद मननशील और अध्ययनशील युवक थे। उनके पिता की कामना थी कि वह किसी उच्च्व शासकीय पद को सुशोभित करें। पिता की आज्ञा को मानकर वह सन् 1890 में आई.सी.एस. की परीक्षा में बैठे। अपनी विशेष प्रतिभा और योग्यता के आधार पर वह लिखित परीक्षा में विशिष्टता के साथ उत्तीर्ण हुए। योग्यता के क्रम में उनका दसवाँ स्थान था। किंतु घुड़सवारी में उत्तीर्ण न होने के कारण उन्हें नौकरी के योग्य नहीं समझा गया। कुछ व्यक्तियों का यह विचार सत्य हो सकता है कि उन्होंने स्वयं ही इस ओर विशेष रुचि नहीं दिखाई। श्री टी.वी. पार्वते के अनुसार—"अरविंद ने भारतीय लोक-सेवा की परीक्षा को विशेष योग्यता के साथ उत्तीर्ण किया। लेकिन उन्होंने घुड़सवारी पर विशेष ध्यान नहीं दिया, परिणामस्वरूप वह पहले टेस्ट में असफल हो गए। सामान्यत: अन्य विषयों की योग्यता एवं दक्षता के आधार पर परीक्षार्थी को एक दूसरा अवसर इसे उत्तीर्ण करने के लिए दिया जाता था। यदि अरविंद इस विषय की ओर तनिक भी ध्यान देते, तब उन्हें निश्चित रूप से उसके लिए अन्य अवसर मिलता। जब परीक्षा-परिणाम आया, तब यह अपने भाई के साथ ताश खेल रहे थे। विनय के साथ मिलकर उन्होंने असफलता को धुएँ में उड़ा दिया। उनके तीसरे भाई मनमोहन ने इस असफलता के लिए उन्हें प्रताड़ित किया, किंतु उन्होंने कोई चिंता नहीं की। इस आधार पर यही निष्कर्ष निकलता है कि उन्होंने जान-बूझकर घुड़सवारी की परीक्षा पास करने में रुचि नहीं ली।'

डॉ. कर्णसिंह ने इस संदर्भ में उन राजनीतिक प्रभावों का विश्लेषण किया है, जो इस प्रतिभाशाली युवक की प्रबुद्ध चेतना पर पड़ रहे थे और जिन्होंने बड़े नाटकीय ढंग से अरविंद की जीवन-धारा को ही बदल दिया। डॉ. कर्णसिंह ने लिखा है—

'उनके पिता ने श्रीअरविंद को सभी प्रकार के भारतीय प्रभावों से दूर रखने की अपनी इच्छा का कठिन पालन किया था, फिर भी यह स्पष्ट है कि भारत में जब उन्होंने डॉक्टर के रूप में काम किया, तब उनके मन से अंग्रेजों का सारा मोह दूर हो गया; वास्तव में वह अपने पुत्रों को 'द बंगाली' नामक समाचार-पत्र की कतरनें भेजने लगे, जिनमें वह ऐसे समाचारों पर निशान भी लगा देते थे, जिनमें अग्रेजों द्वारा भारतीयों के प्रति किए गए दुर्व्यवहार और अपमान के विवरण होते थे। अपने पत्रों में ब्रिटिश सरकार को हृदयहीन सरकार बताकर उसकी निंदा किया करते थे और ऐसा लगता है कि इन पत्रों ने ही पहली बार श्रीअरविंद के ध्यान और रुचि को भारत की राजनीति की ओर मोड़ा। इस रुचि ने आगे बढ़कर उनमें अपने देश की स्वतंत्रता के लिए प्रयत्न करने का विचार पैदा किया, यद्यपि वह अपने देश के विषय में वस्तुतः अनभिज्ञ ही थे। कैंब्रिज पहुँचने पर 'इंडियन मजलिस' नामक एक संस्था से उनका संपर्क हुआ था, जिसकी स्थापना 1891 ई. में हुई थी। मजलिस के कार्यक्रमों में उन्होंने सक्रिय भाग लिया और वह उसके मंत्री भी बने। अन्य अनेक गरम खून वाले युवकों के साथ उन्होंने भी उसके वाद-विवादों में भाग लिया और ऐसा लगता है कि ब्रिटिश साम्राज्यवाद के विरुद्ध उन्होंने अनेक क्रांतिकारी भाषण भी दिए। कैंब्रिज के कुछ अधिक जोशीले भारतीय युवकों ने एक गुप्त संस्था बनाई थी, जिसका नाम 'द लोटस एंड डैगर' रखा गया था। श्रीअरविंद अपने भाइयों सहित इस संस्था में सम्मिलित हो गए। प्रत्येक सदस्य ने भारत की स्वतंत्रता के लिए काम करने की सामान्य प्रतिज्ञा की।'

आई.सी.एस. का आकर्षण अरविंद जैसे चिंतनशील युवक को हो भी नहीं सकता था। अपने आपको आई.सी.एस. के लिए अयोग्य घोषित करवाने के बाद श्रीअरविंद अपनी मातृभूति भारत वापस आने के संबंध में गंभीरतापूर्वक विचार करने लगे। भारत लौटने का सुअवसर उन्हें शीघ्र ही प्राप्त हो गया। बड़ौदा के महाराजा सयाजी राव गायकवाड़ उन दिनों इंग्लैंड गए हुए थे। वह एक प्रबुद्ध और प्रतिभा-संपन्न राजा थे। अपने कर्मचारियों का चुनाव विवेक और सावधानी से करने के लिए भी प्रसिद्ध थे। उन्होंने सर हेनरी कॉटन के पुत्र श्री जेम्स कॉटन से सुना की एक योग्य और उत्साही युवक नौकरी की खोज कर रहा है। उन्होंने श्रीअरविंद को साक्षात्कार के लिए बुलाया और बड़ौदा राज्य की सेवा के लिए नियुक्त कर लिया।

चौदह वर्ष विदेश में रहने के बाद सन् 1893 में श्रीअरविंद भारत लौट आए। उन्होंने सन् 1907 तक निरंतर तेरह वर्ष बड़ौदा राज्य की सेवा की और महाराज के साथ शासन के महत्त्वपूर्ण पदों पर कार्य किया।

बड़ौदा राज्य की सेवा में आने पर उन्हें सर्वप्रथम सैटलमेट विभाग में रखा गया

था। तत्पश्चात् वह स्टैंप और राजस्व विभाग में रहे। फिर राजनयिक पत्रों और उसी प्रकार के अन्य प्रलेखों के प्रारूप तैयार करने के लिए उन्हें सचिवालय में नियुक्त किया गया। इसके बाद उन्हें अध्यापन का अवसर भी मिला! सप्ताह में कुछ घंटे फ्रैंच भाषा पढ़ाने के लिए उन्होंने बड़ौदा कॉलिज को दिए। कॉलिज के और भी अन्य काम उन्हें सौंपे जाते रहे। अंत में प्राचार्य ने उन्हें अंग्रेजी का स्थायी प्राध्यापक बनाने का निवेदन महाराज से किया। महाराज ने इस प्रस्ताव को स्वीकार कर लिया। आगे चलकर वहाँ इस कॉलिज के उपप्रधानाचार्य और प्राचार्य के रूप में नियुक्त किए गए। यहीं रहकर उन्होंने 'इंदुप्रकाश' में 'न्यू लैंप फार ओल्ड' शीर्षक से अनेक लेख लिखे। इन लेखों में उनकी राजनीतिक विचारधारा धीरे-धीरे मुखरित हो रही थी। 'इंदुप्रकाश' में प्रकाशित उनके लेखों का सम्यक् अध्ययन करने के बाद राजनीतिक विचारों के तीन रूप स्पष्ट होते हैं—कांग्रेस के आलोचक का रूप, अंग्रेजों के आलोचक का रूप और उनका अपना रचनात्मक राजनीतिक कार्यक्रम। अपने रचनात्मक राजनीतिक कार्यक्रम का उल्लेख करते हुए अरविंद ने स्पष्ट किया था कि भारत का लक्ष्य ब्रिटिश आधिपत्य से पूर्ण मुक्ति होना चाहिए। इस मुक्ति के लिए भारत को विदेशी शासकों की कृपा और दया पर निर्भर नहीं रहना चाहिए। वरन् अपनी अंत:शक्ति और बल के असीम भंडार का ही आश्रय लेना चाहिए। 'इंदुप्रकाश' के एक लेख में उन्होंने अपना आशय प्रकट करते हुए लिखा—

'हमारा वास्तविक शत्रु बाहर की कोई शक्ति नहीं है। वह तो हमारी ही निरी मूर्खता, कायरता, स्वार्थपरता, पाखंडप्रियता और अंधी भावुकता है। सच पूछिए तो मेरी समझ में ही नहीं आता कि हम क्यों आंग्ल-भारतीयों से इतना चिढ़ते हैं और क्यों उनके लिए तिरस्कार भरे अपशब्दों का प्रयोग करते हैं।...यदि वे ऐसे कानून का उल्लंघन करने को उद्यत नहीं हैं जो उनकी रुचि के अनुकूल है तो उनसे लड़ना हमारी मूर्खता ही होगी। यदि हम अंग्रेजों की झूठी और बनावटी चमक-दमक से अभिभूत नहीं हैं, तो हमें तत्काल मानना होगा कि ये लोग सचमुच हमारे कोप के भाजन नहीं हैं, और यदि उन पर कुपित होना निरर्थक है तो हमारे बारे में उनकी जो धारणा है, उसको तिनके के बराबर मूल्य देना भी व्यर्थ है। हमको, हमारे उदात्त और स्वाभिमानी राष्ट्र को, हमारे विषय में बनी ऐंग्लो-इंडियन लोगों की धारणा की चिंता नहीं करनी चाहिए और न अंग्रेजों के न्याय-विवेक से कुछ आशा ही करनी चाहिए। हमें तो अपना ही पौरुष जाग्रत करना होगा और भारत के मूक और पीड़ित जन-जन के प्रति साहचर्य की सच्ची भावना उत्पन्न करनी होगी। मुझे विश्वास है कि अंत में हमारा उदात्त रूप विजयी होगा, परंतु तभी जब हम निहित स्वार्थ-लाभ की चिंता छोड़ देंगे, सच्चे और महान् देशप्रेम को अपना लेंगे, जब

हम अंग्रेजों के फेंके हुए टुकड़ों के लिए तरसना छोड़ देंगे, तभी जाकर हममें उस पौरुष और सच्चे साहचर्य के भाव का प्रबल उदय होगा।''

सन् 1905 में एक ऐसी घटना हुई, जिसने संपूर्ण राष्ट्र को पागल सा कर दिया। अंग्रेजों के विरुद्ध जनविरोध की एक लहर उठ खड़ी हुई थी। भारत के हठी और दंभी वायसराय लार्ड कर्जन ने बंगालियों के तीव्र विरोध के बावजूद बंगाल का विभाजन करने का निश्चय किया। 29 सितंबर, सन् 1905 को बंगाल का विभाजन कानूनी तथ्य बन गया। सारा प्रांत क्रोध से उबल उठा। सन् 1906 के प्रारंभ में 26 मार्च को श्रीअरविंद के ओजस्वी छोटे भाई वारींद्र घोष ने कलकत्ता से 'युगांतर' नामक एक अंग्रेजी साप्तहिक पत्रिका आरंभ की। उसमें श्रीअरविंद अकसर लेख भेजने लगे, यद्यपि बड़ौदा की सेवा में रहने के कारण उनका नाम नहीं छपता था। 14 अप्रैल को वह बाड़ीसाल के राजनीतिक सम्मेलन में शामिल हुए। सम्मेलन पुलिस के लाठीचार्ज के कारण भंग हो गया। सन् 1903 के मध्य में वह बड़ौदा कॉलिज से एक वर्ष का वेतन रहित अवकाश लेकर कलकत्ता पहुँचे, और वहाँ बंगाल में राष्ट्रीय आंदोलन का संगठन करने के कार्य में सक्रिय रूप से लग गए।

कलकत्ता में श्रीअरविंद ने बहुत कम वेतन पर नेशनल कॉलिज के प्राचार्य का पद स्वीकार किया। कुछ दिनों बाद वह प्रसिद्ध साप्ताहिक पत्र 'वंदे-मातरम्' में सहायक संपादक हो गए। 'वंदे-मातरम्' भारतीय स्वतंत्रता का अग्रदूत पत्र था। इसका प्रकाशन और संपादन उस समय के प्रसिद्ध राष्ट्रीय नेता श्री विपिनचंद्र पाल कर रहे थे। देखते-ही-देखते श्रीअरविंद के लेखों और विचारों की धूम मच गई। शीघ्र ही वह देश के तरुणों और युवकों के सर्वमान्य नेता बन गए। पहले कुछ सौ छात्र श्रीअरविंद की वाणी सुना करते थे, किंतु अब देश के करोड़ों लोग उनकी बात सुनने और मानने लगे। अपने विचारों द्वारा उन्होंने भारत में अंग्रेजी शासन की नींव हिला दी। उन्हें जनता का अपार प्रेम मिला, असीम श्रद्धा मिली।

श्रीअरविंद का सक्रिय राजनीतिक जीवन मुश्किल से चार-पाँच वर्ष का ही है, किंतु इतने कम समय में उन्होंने इतने बड़े काम किए कि कोई दूसरा नेता उन्हें 40-50 वर्ष में भी पूरा न कर सके। उनके राजनीतिक जीवन का आरंभ महान् नेता के रूप में हुआ और वह निरंतर महान् बने रहे। सन् 1906 में सूरत कांग्रेस के अवसर पर जब गरम दल के लोग अलग हुए तो श्रीअरविंद उनके नेशनलिस्ट दल के अध्यक्ष बनाए गए। सूरत से लौटने के बाद श्रीअरविंद ने स्थान-स्थान पर ओजस्वी भाषण दिए। बड़ौदा में उनका शानदार स्वागत हुआ। वहाँ जुलूस में उनका रथ घोड़ों के स्थान पर देशभक्त युवाओं ने स्वयं खींचा।

अपने राजनीतिक जीवन के मध्य श्रीअरविंद ने 'वंदे-मातरम्', 'कर्मयोगी', 'धर्म', 'युगांतर' आदि पत्रों का संपादन एवं प्रकाशन किया। उन्होंने अंग्रेजों से 'भिक्षा माँगने' के स्थान पर स्वतंत्रता के लिए संघर्ष का नारा बुलंद किया। श्रीअरविंद का मत था कि राष्ट्रीय स्वातंत्र्य के युद्ध में शक्ति का प्रयोग न्यायसंगत है। उन्होंने कहा—'स्वतंत्रता राष्ट्र का जीवन-प्राण है और जब प्राणों पर ही आक्रमण हो रहा हो, जब गला दबाकर दम घोंटने की कोशिश की जा रही हो, तब आत्मरक्षा के सभी उपाय न्यायसंगत और उचित हैं। दबाव के अनुरूप ही प्रतिरोध भी होता है। जहाँ रूस के समान कानूनी हत्या और प्रतारणा से बलात् स्वतंत्रता को अस्वीकार किया जाए, या जहाँ (पहले के) आयरलैंड की तरह पैशाचिक बल प्रयोग करके दमन किया जाए, वहाँ जवाब हिंसा से देना न्यायसंगत और अनिवार्य है।'

इसी बीच कलकत्ता का प्रसिद्ध अलीपुर बम केस सामने आया। जिन युवक क्रांतिकारियों ने शस्त्र द्वारा अंग्रेजी सरकार को उलटने की पहली योजना बनाई थी, वे पकड़े गए। उन पर राजनीतिक षड्यंत्र के मुकदमे चले और कई युवा देशभक्त फाँसी के तख्तों पर झूल गए। श्रीअरविंद क्रांतिकारियों के नेता के रूप में प्रख्यात थे ही। 'वंदे-मातरम्' में प्रकाशित विचारों और अलीपुर बम केस के सिलसिले में वह 5 मई, 1908 को सबेरे ही सोते समय गिरफ्तार कर लिए गए।

अरविंद घोष को बंदी बनाए जाने का समाचार विस्फोटक सिद्ध हुआ। इस पर सभी जगह आश्चर्य, क्षोभ और दुख प्रकट किया गया। उन्हें रस्सों में बाँधकर ले जाने वाली घटना से ब्रिटिश शासन की कटु आलोचना की गई। उन्हें अलीपुर जेल में बंदी बनाकर भेजा गया था, इसलिए इस मुकदमे का नाम अलीपुर केस अथवा मानिक कोटला बम केस पड़ गया। भारत के इतिहास में यह एक महत्त्वपूर्ण राजनीतिक कांड के रूप में स्मरणीय बन गया। इस केस की समस्त कार्यवाही जेल में ही हुई। धार्मिक प्रवृत्ति के अरविंद घोष को उसकी कार्यवाही में बिलकुल रुचि नहीं थी। उनका मुकदमा उस जज के सम्मुख था, जो आई.सी.एस. की परीक्षा में योग्यता के क्रम में उनसे पीछे था। मि. बीचक्राफ्ट ने बहुत धैर्यपूर्वक मुकदमे के वकील मिस्टर चितरंजन की बातों को सुना, तथा 13 अप्रैल, सन् 1909 को उन्हें अपराध से मुक्त कर दिया।

श्रीअरविंद लगभग एक वर्ष तक जेल में रहे। जेल से मुक्त होने के पश्चात् भी उनकी गतिविधियाँ केवल जोशीले भाषण देने तक ही सीमित नहीं रहीं। उन्होंने उस दशक के सबसे अधिक प्रभावशाली पत्रकारिता अभियान का सूत्रपात किया। उन्होंने दो साप्ताहिक पत्रों अंग्रेजी में 'कर्मयोगिन' और बँगला में 'धर्म' का प्रकाशन आरंभ किया।

'कर्मयोगिन' का पहला अंक जेल से छूटने के कुछ सप्ताह बाद 16 जून, 1909 को प्रकाशित हुआ। 'कर्मयोगिन' लगभग आठ मास तक श्रीअरविंद के संपादकत्व में प्रकाशित हुआ। उनका संपादित अंतिम अंक 5 फरवरी, 1910 का था। इस छोटी अवधि में उन्होंने प्रेरणाप्रद पत्रकारिता का अद्‍भुत उदाहरण प्रस्तुत किया।

जेल से मुक्त होने के बाद श्रीअरविंद अपनी आध्यात्मिक साधना में रत रहने लगे थे। उनकी साधना का मूल सिद्धांत था—एक प्रबल शक्ति और उसकी प्रबल तर्क इच्छा के सामने संपूर्ण आत्मसमर्पण। उन्हें लगता था कि उनके सभी कार्यों का नियोजन उन्हीं के द्वारा हो रहा है।

सितंबर, सन् 1909 में वह हुगली के राजनीतिक सम्मेलन में राष्ट्रीय प्रस्तावों को पास कराने के लिए अपने साथ बहुत से साथियों को थे गए। लेकिन प्रत्येक समय उन्होंने एकांत ढूँढ़ने का प्रयास किया। उन्हें आंतरिक रूप से यह आभासित होने लगा था कि अब भारत के राजनीतिक आंदोलन का नेतृत्व किसी अन्य को करना है।

जुलाई, सन् 1909 में सिस्टर निवेदिता का एक महत्त्वपूर्ण संदेश श्रीअरविंद को प्राप्त हुआ। इसमें उन्हें बताया गया था कि सरकार उन्हें पुन: बंदी बनाना चाहती है और इस बार उन्हें देश-निष्कासन का दंड मिलेगा। उन्हें ईश्वर ने जिस महत्त्वपूर्ण कार्य को करने के लिए भेजा था, उसकी ओर उनका ध्यान केंद्रित हो गया। वह समझ गए कि भारत में नौकरशाही उन्हें मुक्त रहकर चिंतन करने का अवसर नहीं देगी। श्रीअरविंद ने चुपचाप कुछ निश्चय किया और कलकत्ता छोड़कर चंद्रनगर चले गए और बाद में 4 अप्रैल, 1910 को पांडिचेरी जा पहुँचे। इस विषय में श्रीअरविंद ने लिखा है—

'मैं आगामी घटनाओं के बारे में अपने मित्रों की जोशपूर्ण टिप्पणियाँ सुन रहा था कि मुझे ऊपर से मेरे सुपरिचित स्वर में एक आज्ञा मिली, केवल तीन शब्दों में—'चंद्रनगर को जाओ।' बस, कोई दस मिनट के अंदर मैं चंद्रनगर जाने वाली नाव में सवार था। उसके बाद उसी आज्ञा के अनुसार मैं चंद्रनगर भी छोड़कर 4 अप्रैल, 1910 को पांडिचेरी जा पहुँचा।'

मद्रास से 112 मील दूर समुद्र-तट पर स्थित पांडिचेरी एक सुरम्य स्थान है। यहाँ रहकर श्रीअरविंद ने जीवन के शेष चालीस वर्ष योग-साधना को समर्पित कर दिए। पांडिचेरी में अरविंद का आश्रम विश्व भर के दार्शनिकों के आकर्षण का केंद्र बन गया। यहीं से वह अपने विचारों और अनुभवों से संसार में ज्ञान का आलोक फैलाते रहे। आज तो संसार में उनके जीवन-दर्शन और साहित्य के प्रशंसकों की संख्या लाखों में है।

अपनी 75 वर्ष की अवस्था में, ठीक अपने जन्मदिवस पर श्रीअरविंद ने 1947 में

भारत की स्वतंत्रता का स्वप्न साकार होते हुए देखा। इसे उन्होंने परम सौभाग्य की बात माना और ईश्वर का अनुग्रह कहा, '15 अगस्त को मेरा भी जन्मदिन है और यह मेरे लिए हर्ष की बात है कि उसका इतना बड़ा महत्त्व हो गया है। मैं इस संयोग को एक आकस्मिक घटना नहीं, बल्कि अपने कामों की मार्गदर्शिका, परम दिव्य शक्ति की स्वीकृति और अनुमोदन-मुद्रा समझता हूँ। उसी के निर्देशन में मैंने जीवन का आरंभ किया था और 15 अगस्त उस काम की पूर्ण सफलता के आरंभ का दिन है। आज के दिन मैं देख सकता हूँ कि जिन विश्व-आंदोलनों की व्यावहारिक सफलता तब स्वप्न मालूम पड़ती थी, लेकिन मैं अपने जीवन-काल में ही जिनकी पूर्ति की आशा करता था, वे अब पूरे होंगे या पूर्णता की ओर अग्रसर होंगे। इन आंदोलनों में स्वतंत्र भारत का महत्त्वपूर्ण योग होगा और शायद वह अग्रणी बनेगा।'

15 अगस्त, 1947 को अपने संदेश में भी अरविंद ने पाँच बातों पर जोर दिया — (1) एकता द्वारा भारत के भविष्य को महान् बनाना, (2) एशिया के लोगों की उन्नति तथा स्वतंत्रता द्वारा मानव-सभ्यता में योगदान, (3) मानव-जाति के लिए एक श्रेष्ठ जीवन का निर्माण, (4) भारत के अध्यात्म-ज्ञान से संसार का कल्याण, (5) व्यक्ति को पूर्ण बनाना और पूर्ण समाज की रचना के लिए कार्य।

स्वतंत्रता-प्राप्ति के तीन वर्ष पश्चात् 5 दिसंबर, 1950 को श्रीअरविंद ने 78 वर्ष की आयु में पांडिचेरी आश्रम में अपना शरीर त्याग दिया।

महर्षि अरविंद का चिंतन विश्व-मानवता के उच्चतर आदर्श की भावना से संचालित था। उन्होंने राष्ट्रीयता के विविध प्रसंगों में मनोवैज्ञानिक एकता को स्वीकार किया। पूँजीवादी और साम्राज्यवादी व्यवस्था को उन्होंने विश्व के आदर्शों के विपरीत अनुभव किया। उन्होंने आध्यात्मिकता से परिपूर्ण शांतिवादी दृष्टिकोण का विकास किया। उत्थान के लिए उन्होंने योग को ग्रहण किया। अधिकारों की चर्चा करके उन्होंने व्यक्ति के पूर्ण विकास में आस्था प्रकट की। स्वराज्य, स्वदेश और राष्ट्रवाद का संकेत देकर उन्होंने संपूर्ण राष्ट्र को नई चेतना प्रदान की।

विषय-क्रम

अध्यात्म-पुरुष 7

युगद्रष्टा श्रीअरविंद घोष 9

मैं अरविंद बोल रहा हूँ **23**

अंग्रेजी शिक्षा 23

अंत:प्रेरणा 23

अंतरात्मा 24

अंतरराष्ट्रीयता 24

अखंडता की भावना 24

अचंचल मन 24

अचंचलता 25

अच्छाई-बुराई 25

अज्ञान 25

अतिमानव 26

अतीत 26

अतीत की विरासत 27

अतीत संस्कृति 27

अत्युक्ति 27

अद्वैतवाद 27

अध्ययन 27

अनुभूति 28

अनुशासन 28

अपने विषय में 28

अभीप्सा 29

अवचेतन 29

अवतार 30

अवसाद 30

असफलता 30

अहंकार 31

अहंभाव 32

आत्मत्याग 33

आत्मबल 33

आत्मविजय 33

आत्मविश्वास 33

आत्म-विस्तार 33

आत्मसमर्पण 34

आत्मसम्मान 34

आत्मा 35

आदर्श 36

आधुनिक मनुष्य 36

आध्यात्मिकता 37

आर्थिक हित 37

आलोचना का अधिकार 37

इच्छा 38

ईश्वर 38

ईश्वर-आराधना 38

ईश्वर के प्रति चाह 38

ईर्ष्या 39

ईसाई धर्म 39

उत्साह 39

उपनिषद्	39
ऋषि	40
एकता	41
एकरूपता	41
एकाग्रता	41
कठिनाइयाँ	42
कर्म	42
कर्मफल	45
कला	45
कवि	45
कष्ट	46
कामना	46
कामवृत्ति	47
कालिदास	47
कालिदास : रघुवंश महाकाव्य	49
काव्य व अध्ययन	49
कृत्रिमता	49
कौमार्य	49
क्रोध	49
गपशप	50
गलत	50
गीता	50
गुरु	51
गृध्रसी	52
घृणा	52
चरित्र	53
चितरंजन दास	53
चित्रकार	53
चेतना	53
चेत्यीकरण	54
जाति	54
जीवन	55
जीवन-कला	55
ज्ञान	56
तमस	56
तर्क	56
तर्कबुद्धि	56
तर्क विचार	57
तर्कशास्त्र	57
ताजमहल	57
तामसिक अहंकार	57
तामसिक कर्म	58
त्याग	58
दंड	58
दमन	58
दिव्य जीवन	59
दुःख	59
दुःख-क्लेश	59
दुःखजय	60
दुर्बलता पर ध्यान दें	60
देश	60
देश-भक्ति	60
देश-सेवा	61
दोष	61
दोष-चर्चा	61
दोषारोपण	62
धर्म	62
धैर्य	63
निग्रह	63
निद्रा	64
नियम	64
नियमित	64
निर्गुण	64
निर्बलता	65

निर्विकल्प समाधि	65	बौद्ध-धर्म	77
निवृत्ति	65	ब्रह्म	77
न्याय	65	ब्रह्मचर्य	78
पत्र	66	भक्ति	78
परतंत्रता	66	भगवती माता	79
परिवर्तन	66	भगवत्प्रेम	79
पवित्र मन	66	भगवान्	79
पवित्रता	66	भय	80
पश्चिमी आदर्श	67	भविष्य	81
पुनर्जन्म और कर्म का सिद्धांत	67	भागवत सत्य	81
पुरस्कार	67	भाग्य	81
पुराण	68	भारत	82
पूर्ण स्वराज	68	भारत का लक्ष्य	83
प्रकृति	69	भारतवासी	83
प्रकृति वस्तु	70	भारतीय	84
प्रगति	70	भारतीय आत्मा	84
प्रतिमा	70	भारतीय आदर्श	84
प्रतीक	71	भारतीय एकता	85
प्रयास	71	भारतीय कला	85
प्रशंसा	71	भारतीय जनतंत्र	86
प्रचीन शिक्षा	71	भारतीय जीवन	86
प्राच्य और पाश्चात्य	72	भारतीय धर्म	86
प्राण	72	भारतीय राजा	87
प्रेम	72	भारतीय शासन-तंत्र	87
प्रेम-घृणा	73	भारतीय संस्कृति	88
प्रेम-भक्ति	73	भारतीय सभ्यता	89
बल-प्रयोग	74	भारतीय साहित्य	91
बाधा	74	भारवि व माघ	91
बुद्धि	74	भाव-प्रकाशन	92
बुराई	76	भाषा	92
बुराई का प्रतिकार	76	भूल	93
बौद्ध और हिंदू-धर्म	77	भोजन	93

मंत्र	93
मधुरता	93
मन	94
मनुष्य	96
महत्त्वाकांक्षा	98
महाकाली और काली	98
महान् संत	98
महाभारत	98
महाभारत-रामायण	99
माघ	99
मान-अभिमान	99
मानव	99
मानव-जीवन	100
मानवता	100
मानव-प्रकृति	100
मानव-प्रगति	100
मानव प्रेम	101
मानव हृदय	101
मानसिक ज्ञान	101
माया	101
मूर्तिपूजा	101
मृत्यु	102
मैत्री	102
मोक्ष	103
मौन	103
मौनव्रत	103
युक्तिवाद	103
युद्ध	103
यूरोपीय संस्कृति	104
योग	104
योग का आदर्श	105
योग-साधना	105
यौन आकर्षण	105
राग-द्वेष	106
राजनीति	106
राजनीतिक एकता	106
राजसिक अहंकार	106
राजसिक कर्म	107
राजा	107
राज्य	107
राज्य और व्यक्ति	108
रामायण	108
राष्ट्र	109
राष्ट्र धर्म	110
राष्ट्रीयता	110
राष्ट्रीय भाव	110
रोग	111
लेखन और अध्ययन	111
वंश-परंपरा	111
वर्ण-व्यवस्था	112
विकास	112
विचार	113
विज्ञान	113
विधान	113
विधि	113
विरह	114
विश्व-प्रेम	114
विश्व-राज्य	115
विषाद	115
वेद	115
वेशभूषा	115
वैदिक धर्म	116
वैदिक शिक्षा	116
वैयक्तिक विकास	116

वैराग्य 117
व्यवस्था 117
शक्ति 117
शांति 118
शिक्षा 119
शुभ और अशुभ 119
शून्यता 120
श्रद्धा 120
श्रद्धा और विश्वास 122
श्रद्धा और साहस 122
श्री माँ 122
संकल्प 123
संघर्ष 124
संदेह 124
संभोग 125
संस्कृत साहित्य 125
संस्कृति 126
संस्कृति और सभ्यता 127
संस्कृति : भारतीय/पाश्चात्य 127
सच्चाई 128
सत्य 128
सत्यता 128
सदाचारी 128
सनातन धर्म 129
सभ्यता 129
समझ 129
समझौता 129
समता 129
समर्पण 131
समष्टि-बोध 131
समस्याएँ 131
समाज 132
समुदाय 133
समूहवादी आदर्श 133
सहायता 133
सांसारिक जीवन 134
साक्षात्कार 134
सात्त्विक अहंकार 134
सात्त्विक कर्म 135
साधना 135
साहित्य 136
साहित्य और कला 136
साहित्यिक 137
सिपाही 137
सुख 137
सुख और दुःख 138
सुभाषित 138
सेवक 138
स्वतंत्र 138
स्वंत्रता 139
स्वदेश प्रेमी 139
स्वधर्म 139
स्वराज्य के आदर्श 139
स्वस्थ 140
स्वाधीनता 140
स्वार्थपरता 140
हिंदू-धर्म 141
हिटलर 142
विविध 142

मैं अरविंद बोल रहा हूँ

अंग्रेजी शिक्षा

अंग्रेजी शिक्षा-दीक्षा एवं अंग्रेजी प्रभाव ने समस्त भारत को सौंदर्य-संबधी धारणाओं में अंग्रेजियत से भरा हुआ तथा असंस्कृत बना डाला था।

— भारतीय संस्कृति के आधार, पृ. 12

* * *

अंतःप्रेरणा

ज्ञान विभिन्न प्रकार के होते हैं। उनमें से एक है अंतःप्रेरणा। उदाहरणार्थ, कोई वस्तु, जो ज्ञान की भूमिकाओं से एक चमक के रूप में आकर मन को सत्य के प्रति एक ही क्षण में उद्घाटित कर देती है, वह है अंतःप्रेरणा। वह सहज ही शब्दों का रूप तब धारण करती है, जब कोई कवि या वक्ता, जैसा कि लोग कहते हैं, अंतःप्रेरणा से लिखता या बोलता है। *— श्रीअरविंद के पत्र (चतुर्थ भाग), पृ. 195*

* * *

अंतःप्रेरणा सदा ही अत्यंत अनिश्चित वस्तु होती है। वह जब चाहती है आती है, अपना काम पूरा करने से पहले ही एकाएक बंद हो जाती है, बुलाए जाने पर उतरने से इनकार करती है। संभवतः सभी कलाकारों की, पर निश्चित ही कवियों की, यह सुप्रसिद्ध मनोवेदना है। *— श्रीअरविंद अपने विषय में, पृ. 256*

* * *

मनुष्य के पार्थिव प्रयास के लिए कुछ अंतःप्रेरणा अवश्य होती चाहिए विकास के लिए एक उद्देश्य, एक प्रेरणा, एक शक्ति और जीवन-धारण करने के लिए एक इच्छा-शक्ति अवश्य होनी चाहिए। *— भारतीय संस्कृति के आधार, पृ. 116*

* * *

अंतरात्मा

यदि तुम्हारी अंतरात्मा सर्वदा रूपांतर के लिए अभीप्सा करती है तो बस उसी का अनुसरण तुम्हें करना होगा। भगवान् को खोजना या यों कहें कि भगवान् के किसी रूप को चाहना—क्योंकि यदि किसी में रूपांतर साधित न हो तो वह संपूर्ण रूप से भगवान् को उपलब्ध नहीं कर सकता—कुछ लोगों के लिए पर्याप्त हो सकता है, पर उन लोगों के लिए नहीं हो सकता, जिनकी अंतरात्मा की अभीप्सा पूर्ण दिव्य परिवर्तन-साधन करने की है।

—*श्रीअरविंद के पत्र (द्वितीय भाग), पृ. 19*

* * *

अंतरराष्ट्रीयता

अंतरराष्ट्रीयता मानव-मन और मानव-जीवन के राष्ट्रीय विचार और रूप को अतिक्रांत करने का तथा उसे मनुष्य-जाति के वृहत्तर समन्वय साधित करने के हित में नष्ट करने का प्रयत्न है। —*मानव-एकता का आदर्श, पृ. 193*

* * *

अखंडता की भावना

जिस दिन हम अखंड-स्वरूप मातृभूमि के दर्शन करेंगे, उसके रूप-लावण्य से मुग्ध हो उसके कार्य में जीवन-उत्सर्ग करने के लिए उन्मत्त हो उठेंगे, उस दिन वह बाधा तिरोहित हो जाएगी। भारत की एकता, स्वाधीनता और उन्नति सहज साध्य हो जाएगी, तब भाषा-भेद से कोई बाधा उपस्थित नहीं होगी, सभी अपनी-अपनी मातृभाषा की रक्षा करते हुए साधारण भाषा के रूप में हिंदीभाषा को ग्रहण कर उस बाधा को दूर करेंगे। —*बँगला रचनाएँ, पृ. 182*

* * *

अचंचल मन

अचंचल मन का अर्थ यह नहीं है कि उसमें कोई विचार या मनोमय गतियाँ एकदम तो होंगी ही नहीं, बल्कि यह अर्थ है कि ये सब केवल ऊपर ही ऊपर होंगी और तुम अपने अंदर अपनी सत्य सत्ता को इस सबसे अलग अनुभव करोगे, जो इन सबको देखती तो है, पर इनके प्रवाह में बह नहीं जाती। जो यह योग्यता रखती है कि इन सबका निरीक्षण करें तथा जिन चीज़ों का त्याग करना हो उन सबका त्याग करे एवं जो कुछ सत्य चेतना और सत्य अनुभूति हो, उन सबको ग्रहण और धारण करे।

—*श्रीअरविंद के पत्र (द्वितीय भाग), पृ. 139*

* * *

अचंचलता

अगर मन चंचल हो तो योग की नींव डालना संभव नहीं। सबसे पहले यह आवश्यक है कि मन अचंचल हो। और व्यक्तिगत चेतना का लय कर देना भी इस योग का प्रथम उद्देश्य नहीं है, बल्कि प्रथम उद्देश्य है व्यक्तिगत चेतना को एक उच्चतर आध्यात्मिक चेतना की ओर खोल देना और इसके लिए भी जिस बात की सबसे पहले आवश्यकता है, वह है मन की अचंचलता।

—श्रीअरविंद के पत्र (द्वितीय भाग), पृ. 131

❋ ❋ ❋

अचंचलता उस अवस्था को कहते हैं, जब मन या प्राण विक्षुब्ध, अशांत तथा विचारों और भावनाओं के द्वारा बहिर्गत या परिपूर्ण न हो। विशेषतः जब दोनों (मन और प्राण) ही अनासक्त होते और इन सबको एक उपरितलीय क्रिया के रूप में देखते हैं तो हम कहते हैं कि मन या प्राण अचंचल हैं।

—श्रीअरविंद के पत्र (द्वितीय भाग), पृ. 139

❋ ❋ ❋

अच्छाई-बुराई

बुराई में से अच्छाई निकलती है और अच्छाई भी प्रायः बुराई हो जाती लगती है।

—पुनर्जन्म और कर्म-विकास पृ. 81

❋ ❋ ❋

बुरे को त्यागकर अच्छे को ग्रहण कर लेने की बात सुनने में बहुत अच्छी लगती है, परंतु यह बुरा और यह अच्छा, इस प्रकार अलग-अलग नहीं किए जा सकते। यह सत्ता का एक ऐसा मिश्रित विकास है कि इन्हें एक-दूसरे से जुदा नहीं किया जा सकता। ये बच्चे के मकान रूपी खिलौने के अलग-अलग टुकड़े नहीं हैं, जो पास-पास रखे हुए हैं और आसानी से अलग किए जा सकते हैं।

—भारतीय संस्कृति के आधार, पृ. 458-459

❋ ❋ ❋

अज्ञान

अज्ञान का अर्थ है अविद्या, पृथगात्मिका चेतना और उससे प्रवाहित होने वाला अहंकारपूर्ण मन और प्राण तथा वह सबकुछ पृथगात्मिका चेतना और अहंकारपूर्ण मन तथा प्राण के लिए स्वाभाविक है। यह अज्ञान उस क्रिया का परिणाम है, जिसके द्वारा विश्वव्यापी बुद्धि-शक्ति ने अपने-आपको अतिमानस (भागवत विज्ञान) की ज्योति से पृथक् कर लिया और सत्य को—सत्ता के सत्य को, भागवत चेतना

के सत्य को, शक्ति और क्रिया के सत्य को, आनंद के सत्य को खो दिया।

—*श्री माताजी के विषय में, पृ. 15*

* * *

सारा अज्ञान और सारा विकार वस्तुओं के सत्य और ऋत की विकृति-मात्र है, न कि किसी के अमिश्रित मिथ्यात्व की क्रीड़ा। —*दिव्य जीवन, पृ. 22*

* * *

अतिमानव

अतिमानव बनने की इच्छा करना भूल है। यह इच्छा महज अहंकार को फैलाती है। हम अतिमानसिक रूपांतर सिद्ध करने के लिए भगवान् के सामने अभीप्सा कर सकते हैं, परंतु उसे भी तब तक नहीं करना चाहिए, जब तक माताजी की शांति, शक्ति, ज्योति और पवित्रता के अवतरण के द्वारा हमारी सत्ता चैत्य और अध्यात्म भावापन्न न हो जाए।

—*श्री माताजी के विषय में, पृ. 92*

* * *

अतिमानवता का अर्थ ऐसा मनुष्य होना नहीं है, जो अपनी प्रकृति की पराकाष्ठा पर पहुँच चुका हो; वह मानवीय महत्ता, ज्ञान, बल, बुद्धि, इच्छा, चरित्र, प्रतिभा, सक्रिय शक्ति, साधुता, प्रेम, पवित्रता या पूर्णता की उच्चतर कोटि भी नहीं है। अति मानस मनोमय मनुष्य और उसकी सीमाओं से परे की चीज है; वह तो मानवीय प्रकृति की उच्चतम चेतना से भी महत्तर चेतना है।

—*पुनर्जन्म और क्रम-विकास, पृ. 281*

* * *

अतीत

अतीत के साथ तुलना करने पर वर्तमान सदा अच्छा ही सिद्ध नहीं होता। यहाँ तक कि जब वह समूचे रूप में अधिक उन्नत होता है, तब भी वह हमारे आंतरिक या बाह्य कल्याण के लिए किन्हीं आवश्यक दिशाओं में अवनत हो सकता है।

—*भारतीय संस्कृति के आधार, पृ. 35*

* * *

अपने अतीत की महत्ता का बोध हमारे लिए ऐसा आकर्षक एवं सम्मोहक नहीं बन जाना चाहिए कि हमें अकर्मण्यता की ओर घसीटकर मृत्यु के मुख में ले जाए; बल्कि उसे एक नवीन और महत्तर प्राप्ति के लिए प्रेरणा का काम करना चाहिए।

—*भारतीय संस्कृति के आधार, पृ. 43-44*

* * *

अतीत की विरासत

हमारे अतीत में जो कुछ भी महान् मौलिक, उन्नतिकारक, बलदायक, प्रकाशदायक, जयशील एवं अमोघ था, उस सबका हमें स्पष्ट रूप से निर्धारण करना होगा। और फिर उसमें से भी जो कुछ हमारी सांस्कृतिक सत्ता की स्थायी मूलभावना एवं उसके अटल विधान के निकट था, उसे साफ-साफ जानकर हमें उसे अपनी संस्कृति के सामयिक बाह्य रूपों का निर्माण करनेवाली अस्थायी वस्तुओं से पृथक् कर लेना होगा।

—भारतीय संस्कृति के आधार, पृ. 43

* * *

अतीत संस्कृति

जिस वस्तु को हम आत्मा के अंदर सदा ही जानते आए हैं, उसे जीवन में पूर्णरूपेण कार्यान्वित करें। हमारी अतीत संस्कृति के मूल आशय और हमारे भविष्य की परिपार्श्विक आवश्यकताओं में जिस सामंजस्य की जरूरत है, उसका रहस्य उसी में है, अन्य किसी चीज में नहीं।

—भारतीय संस्कृति के आधार, पृ. 49

* * *

अत्युक्ति

किसी भी वस्तु के बारे में उद्देश्यहीन अत्युक्ति करना सदा ही बुरा होता है।

—मानवएकता का आदर्श, पृ. 256

* * *

अद्वैतवाद

सच्चा अद्वैतवाद वह है, जो समस्त वस्तुओं को एक ही ब्रह्म के रूप में स्वीकार करता है और ब्रह्म और अब्रह्म, आत्मा और अनात्मा, एक सच्चा आत्मन् और एक मिथ्या, फिर भी चिरंतन माया, इन रूपों में विभक्त नहीं करता।

—दिव्य जीवन, पृ. 37

* * *

अध्ययन

वही पढ़ना चाहिए, जो योग में सहायक हो या कर्म के लिए उपयोगी हो या जो दिव्य प्रयोजन के लिए क्षमताओं को विकसित करे। निकम्मी वस्तुओं को या केवल जी-बहलाव के लिए ऐसे शौकिया बौद्धिक कुतूहल के लिए नहीं पढ़ना चाहिए, जो मानसिक रूप से चुस्की ले-लेकर पीने जैसा है। जब व्यक्ति सर्वोच्च चेतना में प्रतिष्ठित

हो गया होता है तो वह सबकुछ पढ़ सकता है या फिर कुछ भी नहीं, इससे कोई फर्क नहीं पड़ता। पर अभी यह बहुत दूर की बात है।

—श्रीअरविंद के पत्र (चतुर्थ भाग), पृ. 215-216

* * *

अनुभूति

अनुभूति को विकसित होने के लिए या उसका संपूर्ण प्रभाव आत्मसात् करने के लिए पूरा समय देना चाहिए। जब मजबूरी ही न हो या वस्तुतः यदि अनुभव अच्छा ही न हो तब तक उसमें रुकावट नहीं डालनी चाहिए।

—श्रीअरविंद के पत्र (चतुर्थ भाग), पृ. 184

* * *

अनुभूति होते समय मन को अचंचल रहना चाहिए। अनुभूति के समाप्त होने के बाद ही उसे सक्रिय होना चाहिए। यदि वह अनुभूति के होते सक्रिय रहे तो अनुभूति बिलकुल बंद हो सकती है। *—श्रीअरविंद के पत्र (चतुर्थ भाग), पृ. 184*

* * *

जब अनुभूति हो रही हो, उस समय उसके संबंध में विचारना या प्रश्न करना गलत बात है; यह इसे रोक देता है या बंद कर देता है।

—श्रीअरविंद के पत्र (चतुर्थ भाग), पृ. 184

* * *

अनुशासन

इसका अर्थ है, सत्य के एक मापदंड के अनुसार या कर्म के एक नियम या विधान (धर्म) के अनुसार या किसी उच्च अधिकारी के आज्ञापालन के रूप में या अपनी मनमौज, प्राणिक आवेगों और कामनाओं के अनुसार नहीं बल्कि युक्ति और बौद्धिक संकल्प के द्वारा आविष्कृत उच्चतम सिद्धांतों के अनुसार कार्य करना। योग में गुरु या भगवान् का आज्ञापालन तथा गुरु द्वारा घोषित सत्य के विधान का अनुसरण करना, अनुशासन की आधारभूमि है।

—श्रीअरविंद के पत्र (चतुर्थ भाग), पृ. 358

* * *

अपने विषय में

यद्यपि हमें श्रद्धा है (और किसने भला अपने ध्येय में या उसके पीछे रहकर कार्य करने वाले परमसत्य में श्रद्धा रखे बिना संसार में कभी कोई बड़ा काम किया है?), तो भी हमारा आधार केवल श्रद्धा ही नहीं है, बल्कि हमारा वृहत् आधार वह ज्ञान है,

जिसका हम जीवनभर विकास तथा परीक्षण करते रहे हैं। मेरे विचार में, मैं यह सकता हूँ कि जितनी सूक्ष्मता से कोई वैज्ञानिक अपने सिद्धांत या अपनी विधि को भौतिक स्तर पर परखता है उससे भी अधिक सूक्ष्मतापूर्वक मैं कितने ही वर्षों तक दिन-रात अपने ज्ञान को परखता रहा हूँ।

—श्रीअरविंद अपने विषय में, पृ. 412

❋ ❋ ❋

अभीप्सा

अभीप्सा का तात्पर्य है, शक्तिओं को पुकारना। जब शक्तियाँ प्रत्युत्तर दे देती हैं, तब शांत-स्थिर ग्रहणशीलता की, एकाग्र पर स्वतःस्पर्श ग्रहणशीलता की एक स्वाभाविक स्थिति उत्पन्न हो जाती है।

—श्रीअरविंद के पत्र (द्वितीय भाग), पृ. 62

❋ ❋ ❋

जो कुछ मनुष्य सच्चाई के साथ और निरंतर भगवान् से चाहता है, उसे भगवान अवश्य देते हैं। तब यदि तुम आनंद चाहो और लगातार चाहते रहो तो तुम अंत में उसे अवश्य प्राप्त करोगे। बस एकमात्र प्रश्न यह है कि तुम्हारी खोज की प्रमुख शक्ति क्या होनी चाहिए, कोई प्राणिक माँग अथवा कोई चैत्य अभीप्सा, जो हृदय के भीतर से प्रकट हो और मानसिक प्राणिक तथा भौतिक चेतना अपने को संचालित कर दे। चैत्य अभीप्सा सबसे बड़ी शक्ति है, और सबसे छोटा पथ बनाती है—और, इसके अलावा, हमें अधिक शीघ्र या देर से उस पथ पर आना ही होगा।

—श्रीअरविंद के पत्र (द्वितीय भाग), पृ. 13-14

❋ ❋ ❋

मनुष्य को जो कुछ मिलता है, उससे संतुष्ट रहना चाहिए फिर भी शांत रूप से, बिना संघर्ष के, और अधिक पाने के लिए अभीप्सा करता है। जब तक सबकुछ नहीं आ जाता। कोई कामना, कोई संघर्ष नहीं। बस होनी चाहिए अभीप्सा, श्रद्धा-उद्घाटन और भगवत्-कृपा।

—श्रीअरविंद के पत्र (द्वितीय भाग), पृ. 63

❋ ❋ ❋

अवचेतन

अवचेतन एक अंधकार और अज्ञान से पूर्ण प्रदेश है, इसलिए यह स्वाभाविक है कि प्रकृति की अंधकारमयी प्रवृत्तियों की शक्ति वहाँ अधिक प्रबल हो। निम्नतर प्राण से लेकर नीचे के प्रकृति के सभी निम्नतर भागों से ऐसा ही होता है। किंतु यह अच्छी

चीजों को भी ऊपर की ओर अवश्य भेजता है। यद्यपि बहुत ही कम। साधना के क्रम से इसे भी आलोकमय बनाना है और स्थूल प्रकृति में इसे नैसर्गिक निम्नतर व्यापारों का आधार बनाने के स्थान पर उच्चतर चेतना का आश्रय बनाना है।—*श्रीअरविंद के पत्र (चतुर्थ भाग), पृ. 577-578*

* * *

अवतार

अवतार एक विशिष्ट आविर्भाव होता है, जबकि शेष समय में भगवान् साधारण मानव-मर्यादाओं के अधीन विभूति के रूप में कार्य कर रहे होते हैं।

—*श्रीअरविंद अपने विषय में, पृ. 391*

* * *

अवतार या विभूति को अपने कर्म के लिए आवश्यक ज्ञान होता है, उससे अधिक होना आवश्यक नहीं। इसमें तनिक भी कारण नहीं कि बुद्ध को यह पता होना चाहिए था कि रोम में क्या हो रहा है। अवतार भी भगवान् की संपूर्ण सर्वज्ञता और सर्वशक्तिमत्ता को प्रकट नहीं करता, वे ऐसे किसी अनावश्यक प्रदर्शन के लिए नहीं आया होता; वह सब उसके पीछे होता है, पर उसकी चेतना के अग्रभाग में नहीं। जहाँ तब विभूति की बात है, उसे यह भी जानने की जरूरत नहीं कि वह भगवान् की शक्ति है। कुछ विभूतियाँ, उदाहरणार्थ, जूलियस सीजर आदि नास्तिक रहे हैं। स्वयं बुद्ध वैयक्तिक ईश्वर में विश्वास नहीं रखते थे, उनका विश्वास केवल निर्वैयक्तिक एवं अवर्णनीय 'नित्य' सत्ता में था। —*श्रीअरविंद अपने विषय में, पृ. 389*

* * *

अवसाद

अवसाद किसी तरह या कहीं से भी आया हो, उसका साथ केवल एक ही तरह से बरतना चाहिए और वह है उसे बाहर फेंक देना।

—*श्रीअरविंद के पत्र (चतुर्थ भाग), पृ. 299*

* * *

असफलता

असफलता का कारण क्षमता का अभाव नहीं है, बल्कि दृढ़ता का अभाव है; प्राण की एक प्रकार की चंचलता तथा एक प्रकार की तीव्र जल्दबाजी है, जो पूरे ब्योरे की तथा सत् प्रयास की परवाह नहीं करती।

—*श्रीअरविंद के पत्र (द्वितीय भाग), पृ. 152*

* * *

अहंकार

अहंकार इसलिए उभरता है कि उसका स्वभाव है; वह सत्ता को अपने कब्जे में कर लेना चाहता है, जिसे वह अपने संपत्ति और अपने अनुभव का क्षेत्र मानता है।

—श्रीअरविंद के पत्र (चतुर्थ भाग), पृ. 333

* * *

अहं का रूप विसर्जित करना होगा, इसके स्थान पर कोई अधिक बड़ा अहं या दूसरे प्रकार का अहं नहीं बैठाना होगा। उसके स्थान में ले आना होगा यथार्थ सत्ता को, या अपने को, व्यक्तिगत होने पर भी सबके साथ और भगवान् के साथ एक अनुभव करती है।

—श्रीअरविंद के पत्र (चतुर्थ भाग), पृ. 319

* * *

अहं की क्रियाओं से एकबारगी मुक्ति पाना संभव नहीं है। सतत सचेतनता और परित्याग द्वारा उन्हें प्रकृति में से निकाल बाहर करना होता है। केंद्रीय अहं के चले जाने के बाद भी अभ्यस्त क्रियाएँ लंबे समय तक चिपटी रहती हैं।

—श्रीअरविंद के पत्र (चतुर्थ भाग), पृ. 331

* * *

अहंकेंद्रित मनुष्य चीजों को उसी रूप से ग्रहण करता और अनुभव करता है, जिस रूप में वे उसको प्रभावित करती हैं। वह देखता है कि यह चीज मुझे प्रसन्नता देती है या अप्रसन्नता, हर्ष देती है या दर्द; मेरे गर्व, मिथ्याभिमान, महत्त्वाकांक्षा को बढ़ाती है या कुंठित करती है, मेरी कामनाओं को संतुष्ट करती है या व्यर्थ आदि-आदि।

—श्रीअरविंद के पत्र (चतुर्थ भाग), पृ. 322

* * *

अहं को मनुष्य-प्रकृति के बाहर निकाल देना इतना आसान नहीं है। अगर कोई अहं से मुक्त है, वह अपने संबंध में या खुद अपने लिए कुछ नहीं करता बल्कि केवल भगवान् के लिए करता है और उसके सभी विचार और भाव भगवान् के लिए होते हैं तो वह जीवनमुक्त और सिद्ध योगी है।

—श्रीअरविंद के पत्र (चतुर्थ भाग), पृ. 321

* * *

अहं से छुटकारा पाना इतना आसान नहीं है। यह कर्म के बावजूद ही नहीं, बल्कि ज्ञान या भक्ति के बावजूद भी बना रहता है। अहं के विलय का अर्थ है पूर्ण मुक्ति। जो भोगी यह अनुभव करता है कि उसकी पृथक् सत्ता विश्व-चेतना में या किसी प्रकार

परात्पर चेतना में घुलमिल गई है। वह भी जब बाहरी क्रिया और प्रतिक्रिया में आता है तो देखता है कि बाह्य अहं अभी भी मौजूद है। यही कारण है कि संन्यासी को कर्म से बड़ा भय लगता है और वह कहता है कि अहं के बिना कर्म नहीं किया जा सकता।

—श्रीअरविंद के पत्र (चतुर्थ भाग), पृ. 320

* * *

जिस वस्तु को बाहर निकालना है, वह है अहंकर। ज्ञान तब तक अवश्य ही सीमित रहेगा, जब तक ऊपर से अधिक पूर्ण विशालता नहीं आएगी।

—श्रीअरविंद के पत्र (चतुर्थ भाग), पृ. 397

* * *

मनुष्य स्वभावतः अहंकारी और अहं-केंद्रित होता है। वह जो कुछ करता, सोचता, अनुभव करता है, उस सब पर अहं की मुहर लगी होती है और तब तक इससे भिन्न अवस्था नहीं आ सकती, जब तक कि वह अहं को नहीं वरन् भगवान् को अपनी सत्ता का केंद्र बनाना नहीं सीख लेता और केवल भगवान् के लिए ही सोचने, कार्य करने और अनुभव करने नहीं लगता। *—श्रीअरविंद के पत्र (चतुर्थ भाग), पृ. 322*

* * *

मानव-प्रकृति अपने सारे उपादान में अहंकार के धागे से भरी हुई है; जब कोई उससे दूर हटने की कोशिश करता है तो भी वह सामने मौजूद होता है अथवा सभी विचारों और क्रियाओं के पीछे छाया की तरह विद्यमान रह सकता है।

—श्रीअरविंद के पत्र (चतुर्थ भाग), पृ. 321

* * *

वास्तव में समस्त अहं ज्ञान ही है अहंकार। अहंबुद्धि मानव की विज्ञानमय आत्मा में होती है और प्रकृति के अंतर्गत तीन गुणों की क्रिया से उसकी तीन प्रकार की वृत्तियाँ विकसित होती हैं—सात्त्विक अहंकार, राजसिक अहंकार और तामसिक अहंकार।

—बँगला रचनाएँ, पृ. 145

* * *

अहंभाव

अहंभाव के पास आत्म-समर्थन की दोहरी सहज प्रवृत्ति है, जो हस्तांतरित नहीं की जा सकती। एक तो अन्य अहंभावों के विरुद्ध आत्म-समर्थन और दूसरे, अन्य अहंभावों के द्वारा आत्मसमर्थन। *—मानव-एकता का आदर्श, पृ. 380*

* * *

सच्चा परहितवाद भी अहंभाव को अपने अंदर छिपाए रहता है, और यह देख सकना कि यह हमारे अत्यधिक दयालुता और आत्म-त्याग से परिपूर्ण कार्यों में भी किस हद तक छिपा हुआ है, हमारे सच्चे आत्म-परीक्षण की कठिन कसौटी है।

—मानव-एकता का आदर्श, पृ. 382

* * *

आत्मत्याग

आत्मत्याग आत्म-परिपूर्णता की ओर केवल एक पग ही हो सकता है।

—श्रीअरविंद के पत्र (चतुर्थ भाग), पृ. 381

* * *

आत्मबल

भारतीय मन का विश्वास था और अब भी है कि आत्मबल अधिक बाह्य एवं भौतिक रूप में कार्य करनेवाली संकल्प-शक्ति की अपेक्षा महत्तर वस्तु है, वह संकल्प के एक बलवत्तर केंद्र से कार्य करता है और उसके परिणाम भी अधिक महान् होते हैं।

—भारतीय संस्कृति के आधार, पृ. 234-235

* * *

आत्मविजय

अपने ऊपर प्राप्त की गई हरेक विजय का अर्थ है—और अधिक विजय प्राप्त करने के लिए नवीन बल की प्राप्ति।

—श्रीअरविंद के पत्र (चतुर्थ भाग), पृ. 730

* * *

आत्मविश्वास

आत्मविश्वास अंदर उत्पन्न होने वाली वस्तु है; यह ज्ञान और अनुभव पर निर्भर नहीं करता।''' ऐसा कौन कहता है? मैंने यह कभी नहीं सुना कि नैपोलियन वाटरलू में आत्मविश्वास के अभाव से हारा। मैंने पढ़ा है कि वह इसलिए हारा कि वह निर्णय लेने में पहले की तरह तेज, आत्मविश्वासी और मानसिक सूझबूझ में इतना नमनीय नहीं रहा था।

—श्रीअरविंद के पत्र (चतुर्थ भाग), पृ. 573

* * *

आत्म-विस्तार

अब तो आत्म-विस्तार किए बिना जीवन की रक्षा करना भी असंभव हो गया है।

यदि हमें जीवित रहना है तो हमें भारत के महान् प्रयास को, जो आज रुका पड़ा है, फिर से हाथ में लेना होगा व्यक्ति में और समाज में, आध्यात्मिक और सांसारिक जीवन में, दर्शन और धर्म में, कला और साहित्य में, चिंतन में, राजनीतिक, आर्थिक और सामाजिक विधि-विधान में हमें भारत की उच्चतम भावना और ज्ञान के पूर्ण और निंदनीय आशय को साहस के साथ अपनाना होगा और साथ ही उसे समग्र रूप में कार्यान्वित भी करना होगा।

—भारतीय संस्कृति के आधार, पृ. 48-49

❋ ❋ ❋

आत्मसमर्पण

एक बच्चे की तरह बन जाना और अपने आपको संपूर्णत: दे देना तक तब असंभव है, जब तक कि चैत्य पुरुष का प्रभुत्व न हो और वह प्राण की अपेक्षा अधिक बलशाली न हो।

—श्रीअरविंद के पत्र (द्वितीय भाग), पृ. 97

❋ ❋ ❋

मनुष्य भगवान् को इसलिए आत्मसमर्पण करता है कि वह पृथकत्व के भ्रम से मुक्त हो जाए स्वयं आत्मार्पण कार्य ही यह सूचित करना है कि सबकुछ भगवान् का है।

—श्रीअरविंद के पत्र (द्वितीय भाग), पृ. 95

❋ ❋ ❋

श्रद्धा, भगवान् के ऊपर निर्भरता, भागवत शक्ति के प्रति आत्मसमर्पण और आत्मदान—ये सब आवश्यक और अनिवार्य हैं। परंतु भगवान् के ऊपर निर्भर रहने के बहाने आलस्य और दुर्बलता को नहीं आने देना चाहिए तथा जो चीजें भगवत सत्य के मार्ग में बाधक होती हैं, उनका निरंतर त्याग होते रहना चाहिए। भगवान् के प्रति आत्मसमर्पण करने की, अपनी ही वासनाओं तथा निम्नतर प्रवृत्तियों के प्रति या अपने अहंकार या अज्ञान और अंधकार की किसी शक्ति के प्रति, जो कि भगवान् का मिथ्या रूप धारण करके आती है, आत्मसमर्पण करने का एक बहाना, एक आवरण या एक अवसर नहीं बना देना चाहिए।

—श्रीअरविंद के पत्र (द्वितीय भाग), पृ. 77

❋ ❋ ❋

आत्मसम्मान

आत्मसम्मान ठीक उसी तरह निश्चित रूप में अहंकार का चिह्न नहीं है जैसे कि उसका अभाव अहंकार से मुक्ति का चिह्न है। आत्मसम्मान का अर्थ है, आचरण-संबंधी

किसी विशेष मानदंड का पालन करना, जो मनुष्यत्व के उस स्तर के अनुकूल हो जिस स्तर का वह मनुष्य हो। उदाहरणार्थ, मैं आत्मसम्मान की दृष्टि से कोई मिथ्या वक्तव्य नहीं दे सकता, भले ही वैसा करना लाभदायी हो और अधिकांश व्यक्ति परिस्थितियों के वश वैसा कर सकते हैं।

—श्रीअरविंद के पत्र (चतुर्थ भाग), पृ. 345

❋ ❋ ❋

आत्मा

आत्मा किसी भी प्रकार की पीड़ा से कभी भी प्रभावित नहीं होती। चैत्य उसे शांतिपूर्वक ग्रहण करके आवश्यक क्रिया के लिए भगवान् को अर्पित कर देता है।

—श्रीअरविंद के पत्र (चतुर्थ भाग), पृ. 563

❋ ❋ ❋

आत्मा न तो शरीर में जन्म लेती है, न उसमें रहती ही है। इसके विपरीत शरीर ही आत्मा में जन्म लेता और उसमें रहता है।

—पुनर्जन्म और क्रम-विकास, पृ. 16

❋ ❋ ❋

ईश्वर में निवास करनेवाली आत्मा केवल बाह्य मन में निवास करनेवाली या केवल मनोमय और प्राणमय देह की माँगों और उसके सुखों के लिए जीने वाली आत्मा से अधिक पूर्ण है।

—भारतीय संस्कृति के आधार, पृ. 89

❋ ❋ ❋

मनुष्य को आत्मा की ओर आरोहण करना होगा, चाहे वह इस आरोहण का पूरा रास्ता तय न भी करे, अन्यथा वह शक्ति की ऊर्ध्वमुखी प्रवृत्ति को खो बैठेगा।

—भारतीय संस्कृति के आधार, पृ. 102

❋ ❋ ❋

यदि यह सत्य है कि एकमात्र आत्मा का ही अस्तित्व है तो यह भी सत्य होना चाहिए कि सबकुछ आत्मा है।

—दिव्य जीवन, पृ. 37

❋ ❋ ❋

शरीर एक सुविधा है, व्यक्तित्व एक सतत रचना है, जिसके विकास के लिए कर्म तथा अनुभव उपकरण हैं; परंतु वह आत्मा जिसकी इच्छा से और जिसके आनंद के लिए यह सब है, इस शरीर से भिन्न है, कर्म और अनुभव से भिन्न है, और वह व्यक्ति को

विकसित करते हैं उससे भी भिन्न हैं। इसकी अवज्ञा करना अपनी सत्ता के संपूर्ण रहस्य की अवज्ञा करना है।

—पुनर्जन्म और क्रम-विकास, पृ. 18

* * *

आदर्श

जहाँ अपने आप में विश्वास और अपनी संस्कृति की भावना के प्रति निष्ठा एक स्थायी एवं शक्तिशाली जीवन के लिए प्रथम आवश्यक शर्त है, वहाँ महत्तर संभावनाओं का ज्ञान भी इनसे कुछ कम अनिवार्य नहीं है। यदि हम अपने अतीत आदर्श को एक प्रेरणाप्रद संवेग का रूप न दे एक मिट्टी का घोघा बना दें तो हम स्वस्थ और विजयी होकर नहीं बने रह सकते।

—भारतीय संस्कृति के आधार, पृ. 47

* * *

भूतकाल के आदर्शों की महत्ता इस बात का आश्वासन देती है कि भविष्य के आदर्श और भी महान् होंगे।

—भारतीय संस्कृति के आधार, पृ. 41

* * *

राजनीति पर आदर्शों का शुद्ध प्रयोग अभी भी एक ऐसी क्रांतिकारी कार्यप्रणाली है, जिसके प्रयोग की आशा केवल विशेष संकट के समय ही की जा सकती है। जिस दिन यह जीवन का नियम बन जाएगा, उस दिन स्वयं मानव-प्रकृति और जीवन एक नयी वस्तु, एक अपार्थिव और दिव्यप्राय वस्तु बन जाएँगे।

—मानव-एकता का आदर्श, पृ. 270

* * *

आधुनिक मनुष्य

आधुनिक मनुष्य, यहाँ तक कि आधुनिक सुशिक्षित मनुष्य भी सर्वथा अभूतपूर्व मात्रा में एक 'पोलितिकान जून' अर्थात् एक ऐसा राजनीतिक, आर्थिक एवं सामाजिक जीव है या बनना चाहता है, जो बाह्य जीवन की दक्षता की अन्य सब चीजों से बढ़कर कद्र करता है और मन तथा आत्मा की चीजों की ऐकांतिक रूप से नहीं तो मुख्य रूप से मानव-जाति की जीवन-संबंधी और यांत्रिक प्रगति में सहायक होने के कारण ही महत्त्व प्रदान करता है।

—भारतीय संस्कृति के आधार, पृ. 384-385

* * *

आध्यात्मिकता

जब हम अहं से भिन्न किसी अन्य चेतना को जानना और उसमें निवास करना या उसमें प्रभाव के अधीन होना प्रारंभ करते हैं तो यह आध्यात्मिकता होती है। वह विशाल, अनंत, स्वयंभू, अहंकार इत्यादि से रहित चेतना ही परमात्मा (पुरुष, ब्रह्म, भगवान्) कहलाती है, अतएव निश्चय ही आध्यात्मिकता का यही अर्थ है। यह और अनुभूति तथा महत्तर चेतना के साथ आने वाली सब वस्तुएँ साक्षात्कार कहलाती हैं।

—श्रीअरविंद के पत्र (द्वितीय भाग), पृ. 375

❋ ❋ ❋

सर्वोच्च आध्यात्मिकता जिज्ञासा की उस निम्नतर अवस्था से, जो धार्मिक आचार और सिद्धांत से परिचालित होती है, बहुत ऊपर एक मुक्त और विस्तृत वायुमंडल में विचरण करती है।

— भारतीय संस्कृति के आधार, पृ. 150

❋ ❋ ❋

आर्थिक हित

मानव-जीवन में आर्थिक हित ऐसे हित हैं, जिनका उल्लंघन करके सुरक्षित रहना साधारणतया अत्यंत कठिन होता है, क्योंकि ये जीवन के साथ गुँथे हुए हैं और इनका निरंतर उल्लंघन पीड़ित समुदाय को नष्ट न भी करे तो भी वह अत्यंत तीव्र विद्रोह को अवश्य भड़का देता है और अंत में प्रकृति के एक निष्ठुर प्रतिशोध में परिणत हो जाता है।

— मानव-एकता का आदर्श, पृ. 54

❋ ❋ ❋

आलोचना का अधिकार

जो लोग किसी संस्कृति के जानने वाले होते हैं, वे ही उसकी कृतियों का आभ्यंतरिक मूल्य जाँच सकते हैं, क्योंकि केवल वे ही उसकी आत्मा के भीतर पूर्ण रूप से पैठ सकते हैं। किसी विदेशी समालोचक की शरण भी हम ले सकते हैं, पर केवल तुलनात्मक सम्मति स्थिर करने में सहायता पाने के लिए और इस प्रकार की सम्मति बनाना भी अनिवार्य रूप से आवश्यक होता है। परंतु इन चीजों के बारे में यदि सुनिश्चित विचार बनाने के लिए हमें किसी कारण विदेशीय मत पर निर्भर करना भी पड़े, तो यह स्पष्ट है कि प्रत्येक क्षेत्र में हमें उन्हीं लोगों की ओर मुड़ना होगा, जिन्हें उसके संबंध में कहने का कुछ अधिकार हो।

— भारतीय संस्कृति के आधार, पृ. 49

❋ ❋ ❋

इच्छा

अपनी ही इच्छा में मत होओ। अपने कार्य को अहंकार द्वारा चालित मत होने दो, व्यक्ति-अधिकार के लिए लोलुपता मत रहने दो, व्यक्तिगत पसंद के प्रति आसक्ति मत रखो।

—भारतीय संस्कृति के विषय में, पृ. 181

* * *

ईश्वर

जब हम ईश्वर की उपस्थिति को अनुभव करेंगे और अपनी संपूर्ण सत्ता एवं चेतना को एवं अपने समस्त चिंतन, संकल्प और कर्म को उन्हीं के हाथ में अनुभव करेंगे तथा सभी वस्तुओं में एवं अपनी आत्मा और प्रकृति के प्रत्येक कण के द्वारा परमात्मा की प्रत्यक्ष, अंतर्यामी और प्रभुत्वशालिनी संकल्प-शक्ति को अनुमति प्रदान करेंगे, तब वह हमारी सत्ता की स्वीकृति अर्थात् श्रद्धा की पराकाष्ठा होगी।

—श्री माताजी के विषय में, पृ. 27

* * *

ईश्वर-आराधना

भगवान् से हम जो कुछ पा सकते हैं केवल उसी के लिए भगवान् को चाहना स्पष्ट ही उचित मनोभाव नहीं हैं, परंतु इन चीजों के लिए उन्हें चाहना यदि एकदम मना होता तो संसार में अधिकांश लोग उनकी ओर बिलकुल न मुड़ते। मैं समझता हूँ इसीलिए इसकी स्वीकृति दी गई है, जिससे कि वे प्रारंभ कर सकें, यदि उनमें श्रद्धा हो तो वे जो कुछ चाहते हैं वह पा सकते हैं और यह समझ सकते हैं कि इसे जारी रखना अच्छा है। फिर एक दिन अचानक उन्हें यह विचार सूझ सकता है कि आखिर एकदम यही एकमात्र करणीय नहीं है, इससे भी अच्छा तरीका और अच्छा भाव है, जिसके साथ हम भगवान् के पास जा सकते हैं।

—श्रीअरविंद के पत्र (द्वितीय भाग), पृ. 10

* * *

ईश्वर के प्रति चाह

भगवान् के लिए प्यास एक बात है, अवसाद बिलकुल दूसरी। प्यास पूरी न होने पर अवसाद ही हो यह आवश्यक नहीं है। प्यास पूरी न होने पर और भी गहरी प्यास जग सकती है, और दृढ़ संकल्प तथा अटूट प्रयास हो सकता है।

—श्रीअरविंद के पत्र (चतुर्थ भाग), पृ. 623

* * *

ईर्ष्या

यदि ईर्ष्या के लिए कोई कारण न हो तो उसे नहीं रहना चाहिए, क्योंकि तब तो यह बेहूदी और निरर्थक वस्तु है, पर उनके लिए सामान्य मानदंडों के अनुसार जब कोई कारण हो भी, तो भी उसे नहीं रहना चाहिए, क्योंकि वह एक ऐसी मानोवृत्ति है, जिसमें महद्‌भाव का अभाव है और जो एकदम अयौगिक है।

—श्रीअरविंद के पत्र (चतुर्थ भाग), पृ. 378

* * *

ईसाई धर्म

ईसाई धर्म को केवल वहीं सफलता मिली है, जहाँ वह अपनी विशिष्ट श्रेष्ठता के दो-एक पहलुओं को चरितार्थ कर सका है। एक पहलू था स्वयं झुककर पददलितों और पीड़ितों को ऊपर उठाने के लिए तत्पर रहना, जबकि हिंदू-लोग जात-पाँत के बंधनों के कारण न तो उनका स्पर्श करते और न ही उनकी सहायता करते थे और दूसरा, जहाँ कहीं आवश्यकता हो वहाँ सहायता पहुँचाने के लिए हर समय तैयार रहना ; एक शब्द में हम इसको सक्रिय दयाभाव ओर सहायता की प्रवृत्ति कह सकते हैं, जो इसने अपने उद्‌गम बौद्ध-धर्म से प्राप्त की थी।

—मानव-एकता का आदर्श, पृ. 46

* * *

उत्साह

किसी व्यक्ति को निरुत्साहित करना अनुचित है, परंतु मिथ्या उत्साह देना अथवा किसी अनुचित वस्तु के लिए उत्साहित करना ठीक नहीं है। कठोरता का कभी-कभी उपयोग करना पड़ता है। (यद्यपि उसका अत्यधिक उपयोग नहीं होना चाहिए) जबकि इसके बिना अनुचित बात पर होने वाले हठीले आग्रह को सुधारा नहीं जा सकता।

—श्रीअरविंद के पत्र (द्वितीय भाग), पृ. 208

* * *

उपनिषद्

'उपनिषद्' शब्द का अर्थ है गूढ़ स्थान में प्रवेश करना। ऋषियों ने तर्क के बल पर विद्या का प्रसार कर, प्रेरणा के स्रोत के उपनिषद् युक्त ज्ञान को प्राप्त नहीं किया था, बल्कि मन की निभृत कोठरी के जिस स्थान में सम्यक् ज्ञान की चाभी लटक रही है, योगद्वारा अधिकारी बन उसी कोठरी में प्रवेश कर उन्होंने वह चाभी प्राप्त की और अभ्रांत ज्ञान के विशाल राज्य के राजा बने। वह चाभी हस्तगत हुए बिना उपनिषदों का

अर्थ प्रकृत अर्थ नहीं खुलता। केवल तर्क-बल पर उपनिषदों का अर्थ करना और जंगल में मोमबत्ती के प्रकाश में तुंग वृक्ष के शिखरों का निरीक्षण करना एक-जैसी बात है। साक्षात् दर्शन ही है वह सूर्यलोक, जिससे सारा अरण्य आलोकित ही अन्वेषणकारी को नयनगोचर होता है। योग द्वारा ही साक्षात् दर्शन प्राप्त हो सकता है।

—श्रीअरविंद की बँगला रचनाएँ, पृ. 50

* * *

उपनिषद् भारतीय मन की परमोच्च कृति हैं, और यह चीज बहुत महत्त्वपूर्ण है, यह एक अनुपम मनोवृत्ति का तथा आत्मा की असाधारण प्रवृत्ति का प्रमाण है। भारत की प्रतिभा को सर्वोच्च आत्म-अभिव्यक्ति, उसका उदात्ततम काव्य, उसके विचार और शब्द की महत्तम रचना साधारण ढंग की साहित्यिक या काव्यात्मक श्रेष्ठ कृति न होकर इस प्रकार के साक्षात् और गंभीर आध्यात्मिक सत्यदर्शन का विशाल प्रवाह है। उपनिषद् गंभीर धार्मिक ग्रंथ हैं, क्योंकि वे गहनतम आध्यात्मिक अनुभवों का अभिलेख हैं। अक्षय ज्योति, शक्ति ओर विशालता से संपन्न, सत्य-प्रकाशन और अंतर्ज्ञानात्मक दर्शन के लिपिबद्ध विवरण हैं और साथ ही, चाहे वे पद्य में लिखी हुई हों या लयबद्ध गद्य में, पूर्ण एवं अथक् अंत:प्रेरणा से युक्त आध्यात्मिक कविताएँ हैं, जिनकी पदावली नितांत स्वाभाविक और लय तथा अभिव्यंजना अद्भुत है।

—भारतीय संस्कृति के आधार, पृ. 322

* * *

उपनिषद् सत्यप्रकाश और अंतर्ज्ञानात्मक मन तथा उसके प्रदीप्त अनुभव की कृतियाँ हैं और उनका समस्त सार तत्त्व, उनकी रचना, पदावली, रूपकमाला और गतिधारा उनके इस मूल स्वरूप से निर्धारित और प्रभावित हैं। ये परमोच्च और सर्वसंग्राहक सत्य, एकत्व, आत्मा और विश्वव्यापी भगवत्सत्ता के ये अंतर्दर्शन ऐसे संक्षिप्त और ठोस शब्दों में ढाले गए हैं, जो इन्हें तुरंत ही अंतरात्मा की आँख के सामने ला खड़ा करते हैं और उसकी अभीप्सा या अनुभूति के प्रति इन्हें वास्तविक तथा अपरिहार्य बना देते हैं।

—भारतीय संस्कृति के आधार, पृ. 326

* * *

ऋषि

ऋषि उस व्यक्ति को कहते हैं, जो उच्चतर आध्यात्मिक अनुभव और ज्ञान से संपन्न होता था और जो चाहे किसी भी वर्ग में क्यों न उत्पन्न हुआ हो, पर अपने आध्यात्मिक व्यक्तित्व के बल पर सभी लोगों पर प्रभुत्व रखता था। राजा भी उसका सम्मान करता था, उससे परामर्श करता था। कभी-कभी वह राजा का धर्मगुरु भी होता

था और सामाजिक विकास की तत्कालीन तरल अवस्था में केवल वही नए आधारभूत विचारों को विकसित करने तथा लोगों की सामाजिक, धार्मिक धारणाओं और प्रथाओं में सीधे और तुरंत परिवर्तन लाने में महत्त्वपूर्ण भाग लेने की सामर्थ्य रखता था।

—भारतीय संस्कृति के आधार, पृ. 389

✻ ✻ ✻

एकता

यदि विभिन्नता जीवन की शक्ति और विपुलता के लिए आवश्यक है तो एकता भी उसकी व्यवस्था, क्रमबद्धता और सुस्थिरता के लिए जरूरी है। एकता तो हमें उत्पन्न करनी है, पर एकरूपता उत्पन्न करना उतना आवयक नहीं।

—मानव-एकता का आदर्श, पृ. 156

✻ ✻ ✻

समस्वरता या एकता अपने समय में आ सकती है, पर वह एक ऐसी मूलगत एकता होनी चाहिए, जिसमें विविधतापूर्ण विकास के लिए पूरी स्वाधीनता हो। वह एक का दूसरे के द्वारा भक्षण या फिर एक असंगत एवं बेसुरा मिश्रण नहीं होना चाहिए। और वह एकता तब नहीं आ सकती, जब तक संसार इन महत्तर वस्तुओं के लिए तैयार न हो जाए। *—भारतीय संस्कृति के आधार, पृ. 8*

✻ ✻ ✻

एकरूपता

एकरूपता जीवन का नियम है। जीवन विभिन्नता के सहारे ही स्थित है; यह इस बात पर आग्रह करता है कि प्रत्येक समूह अथवा प्रत्येक प्राणी अपनी सार्वभौमता में बाकी सबके साथ एक होते हुए भी विविधता के किसी सिद्धांत अथवा व्यवस्थित सूक्ष्म नियम के कारण विशिष्ट होता है। *—मानव-एकता का आदर्श, पृ. 254*

✻ ✻ ✻

मैं बलपूर्वक कह चुका हूँ कि एकरूपता वास्तविक नहीं वरन् निर्जीव एकता है। एकरूपता जीवन का विनाश कर डालती है, जबकि वास्तविक एकता, यदि उसकी नींव सुचारु रूप से रखी जाए तो विविधता की प्रचुर शक्ति के द्वारा बलशलिनी और फलप्रद बन जाती है। *—भारतीय संस्कृति के आधार, पृ. 458*

✻ ✻ ✻

एकाग्रता

एकाग्रता का मतलब है चेतना को एक साथ एकत्र कर लेना और चाहे एक बिंदु

पर केंद्रित कर लेना अथवा किसी एक वस्तु की ओर, जैसे भगवान् की ओर मोड़ देना। उस समय एक ही बिंदु पर नहीं, बल्कि पूरी सत्ता भर में एकत्रित अवस्था का बोध हो सकता है।

—श्रीअरविंद के पत्र (द्वितीय भाग), पृ. 221

* * *

कठिनाइयाँ

कठिनाइयों और परेशानियों से छूटने का तरीका यह कभी नहीं हो सकता कि मन उन्हीं की चिंता में लगा रहे और इस प्रकार उनसे बाहर निकलने की चेष्टा करे। मन की यह आदत उनका हल करने की बजाय केवल बनके पुनः पुनः आवर्तन का कारण बनती है और चिंता व्यग्रता द्वारा उस दृढ़ उलझन को बनाए रखती है। परेशानियों का हल अवश्यमेव उनसे ऊपर और बाहर की किसी वस्तु से ही होना चाहिए।

—श्रीअरविंद के पत्र (चतुर्थ भाग), पृ. 686

* * *

कर्म

कर्म के अंदर सभी प्रकार के कार्य सम्मिलित हैं। वह कार्य जो किसी निश्चित उद्देश्य की ओर प्रयुक्त होता है और विधिवत् तथा नियमित रूप से किया जाता है।

—श्रीअरविंद के पत्र (द्वितीय भाग), पृ. 174

* * *

कर्म के बिना पुनर्जन्म अर्थहीन है, और कर्म यदि अंतरात्मा के अविच्छिन्न अनुभव के सिलसिले के लिए उपकरण न हो तो कर्म के लिए न तो अनिवार्य उत्पत्ति का कोई उत्साह रह जाता है, न नैतिक तथा युक्तिसंगत आधार ही।

—पुनर्जन्म और क्रम-विकास, पृ. 102

* * *

कर्म केवल कर्म के लिए नहीं है, बल्कि वह निम्नतर व्यक्तित्व और उसकी प्रतिक्रियाओं से छुटकारा पाने तथा भगवान के प्रति पूर्ण समर्पण साधित करने के लिए साधना का एक क्षेत्र है। स्वयं कर्म का जहाँ तक प्रश्न है, वह माताजी द्वारा निश्चित या स्वीकृत व्यवस्था के अनुसार ही किया जाना चाहिए। तुम्हें यह सर्वदा याद रखना चाहिए कि वह माताजी का कार्य है, तुम्हारा व्यक्तिगत कार्य नहीं है।

—श्री माताजी के विषय , पृ. 181

* * *

कर्म दो प्रकार का हो सकता है—एक वह कर्म जो साधना के लिए प्रयोग का क्षेत्र

है, जिसमें समस्त सत्ता और उसके कर्म क्रम से अधिकाधिक सामंजस्य को प्राप्त हों और दिव्य बनें, और दूसरा वह कर्म जो भगवान् की सिद्ध अभिव्यक्ति है। पर इस पिछले कर्म का समय तो तभी आ सकता है, जब भगवत्-साक्षात्कार पूर्णतया पार्थिव चैतन्य में आ जाए। तब तक जो भी कर्म होगा, वह प्रयत्न और प्रयोग का ही क्षेत्र होगा।

—श्रीअरविंद के पत्र (द्वितीय भाग), पृ. 29

* * *

कर्म भी योग का अंग है और यह प्राण तथा उसकी क्रियाओं के अंदर भागवत उपस्थिति, ज्योति और शक्ति को उतार लेने का सबसे उत्तम सुयोग प्रदान करता है; यह आत्मसमर्पण क्षेत्र और सुअवसर को भी बढ़ाता है।

—श्री माताजी के विषय में, पृ. 169

* * *

कर्म से मेरा अभिप्राय वह कर्म नहीं है, जो अहंता और अज्ञानता से, अहंता की तुष्टि के लिए और राजसी कामना के आवेश में किया जाता है। अहंकार, रजस और काम अज्ञान की मुहरछाप है, इसमें विमुक्त होने की इच्छा के बिना कर्मयोग हो ही नहीं सकता।

—श्रीअरविंद के पत्र (द्वितीय भाग), पृ. 26

* * *

कर्म से मेरा अभिप्राय वह कर्म है, जो भगवान् के लिए किया जाए, भगवान् से अधिकाधिक युक्त होकर किया जाए, एकमात्र भगवान् के लिए किया जाए, और किसी चीज के लिए नहीं। अवश्य ही आरंभ में यह सहज नहीं है। जैसे गंभीर ध्यान और ज्योतिर्मय ज्ञान या सच्चा प्रेम और भक्ति भी आरंभ में सहज नहीं हैं। परंतु ध्यान, ज्ञान, प्रेम, भक्ति की तरह कर्म भी यथावत् सद्‌भाव और सद्‌वृत्ति तथा यथार्थ संकल्प के साथ आरंभ होना चाहिए, तब बाकी सब अपने आप होगा।

—श्रीअरविंद के पत्र (द्वितीय भाग), पृ. 26

* * *

कर्म ही शरीर धारण करता है; कर्म ही सतत परिवर्तनशील मनोवृत्ति और भौतिक शरीरों की सृष्टि करता है जो हम मान सकते हैं। विचारों और संवेदनों के उस परिवर्तनशील सम्मिश्रण का परिणाम है, जिसे हम 'हम' कहते हैं।

—पुनर्जन्म और क्रम-विकास, पृ. 14

* * *

काम को छोड़ना कोई समाधान नहीं है, सच पूछो तो कर्म के द्वारा ही मनुष्य यौगिक आदर्श के विरोधों, अहंभाव के अनुभवों और गतिविधियों को पहचान सकता है और धीरे-धीरे उनसे मुक्त हो सकता है।

—श्री माताजी के विषय में, पृ. 181

* * *

कोई ऐसा कार्य नहीं करना चाहिए, जिसके परिणामस्वरूप चित्त में विरोध-भावना प्रबल हो जाए।

—मानव-एकता का आदर्श, पृ. 52

* * *

जो काम मनुष्य करता है उनमें न तो कोई ऊँचा है, न कोई नीचा। सभी कर्म एक जैसे हैं, बशर्ते कि वे माताजी को अर्पित हों और उनके लिए तथा उनकी शक्ति के द्वारा किए गए हों।

—श्री माताजी के विषय में, पृ. 168

* * *

निस्संदेह, बड़ेपन और छोटेपन की भावना आध्यात्मिक सत्य के लिए एकदम विजातीय है। आध्यात्मिक दृष्टि से न तो कोई चीज बड़ी है और न छोटी। ऐसी भावनाएँ साहित्यिक लोगों की भावनाओं जैसी हैं, जो यह समझते हैं कि कविता लिखना एक उच्च कार्य है और जूता बनाना या भोजन पकाना छोटा और नीच कार्य। परंतु सबकुछ परमात्मा की दृष्टि में एक-जैसा है और वास्तव में केवल उस आंतरिक भावना का ही मूल्य है, जिसके साथ कार्य किया जाता है। यही बात किसी विशेष कर्म के विषय में भी लागू होती है, सच पूछा जाए तो कोई भी चीज बड़ी या छोटी नहीं है।

—श्रीअरविंद के पत्र (द्वितीय भाग), पृ. 176

* * *

मनुष्य के प्रत्येक कार्य और उक्ति का उद्देश्य और कारण पूर्णतया समझने के लिए यह जानना आवश्यक है कि किस अवस्था में यह कार्य किया गया था या वह उक्ति व्यक्त हुई थी।

—बँगला रचनाएँ, पृ. 85

* * *

वर्तमान कर्म का स्वरूप अपरिमेय महत्त्व रखता है, क्योंकि यह हमारे निकट भविष्य ही को नहीं, बल्कि भविष्य को भी निर्धारित करता है।

—भारतीय संस्कृति के आधार, पृ. 91

* * *

कर्मफल

यह विचार कि हमारे वर्तमान दुःख और कष्ट हमारे अपने अतीत कर्म के ही फल हैं, भारतीय मन को एक ऐसी शांति, सहिष्णुता और नीति प्रदान करता है, जिन्हें समझना या सहन करना चंचल पश्चिमी बुद्धि को कठिन प्रतीत होता है।

— भारतीय संस्कृति के आधार, पृ. 97

❋ ❋ ❋

कला

अपनी प्राचीन कला का सही मूल्य आँकने के लिए हमें विदेशी दृष्टिकोण की समस्त दासता से अपने आपको मुक्त करना होगा और हमें अपनी भास्कर कला एवं चित्रकला को उसके अपने गंभीर उद्देश्य एवं उसके मूलभाव की महानता के प्रकाश में देखना होगा। जब हम इस पर इस प्रकार दृष्टि डालेंगे, तब हम यह देख पाएँगे कि प्राचीन और मध्ययुगीन भारत की मूर्तिकला कलात्मक उपलब्धि के प्रति उच्चतम स्तरों पर स्थान पाने का दावा करती है।

— भारतीय संस्कृति के आधार, पृ. 264

❋ ❋ ❋

वास्तुकला, मूर्तिकला और चित्रकला वे तीन महान् कलाएँ हैं, जो आँख के द्वारा आत्मा को आकर्षित करती हैं, और इसलिए ये वे चीजें भी हैं, जिनमें 'गोचर' और 'अगोचर' अपने ऊपर अधिकतम बल देते हुए भी एक-दूसरे की अत्यधिक आवश्यकता अनुभव करते हुए परस्पर संयुक्त होते हैं।

— भारतीय संस्कृति के आधार, पृ. 254

❋ ❋ ❋

कवि

कवि से आशा की जाती है कि वह अपनी कला के विषय में पूर्णतया सचेत हो, इसके आवश्यक नियमों तथा स्थिर एवं निश्चित मानदंड और प्रणाली से उतनी ही बारीकी के साथ परिचित हो, जितनी बारीकी के साथ चित्रकार और मूर्तिकार होता है और अपनी आलोचक बुद्धि एवं ज्ञान के द्वारा अपनी प्रतिभा की उड़ान को नियंत्रित करे।

— भारतीय संस्कृति के आधार, पृ. 355

❋ ❋ ❋

कष्ट

यदि हममें अखंड सत् पुरुष की ज्योतिर्मयी चेतना एवं दिव्य शक्ति संपूर्ण रूप से विद्यमान हो तो कष्ट और वेदना का हममें अस्तित्व नहीं रह जाएगा।

—दिव्य जीवन, पृ. 348

❋ ❋ ❋

विपदा और कष्ट को प्रायः पाप के दंड की अपेक्षा पुण्य का पुरस्कार माना जा सकता है, क्योंकि अपने प्रस्फुटन के लिए संघर्ष करनेवाली अंतरात्मा का वह सबसे बड़ा सहायक और शोधक सिद्ध होता है। *—पुनर्जन्म और क्रम-विकास, पृ. 9*

❋ ❋ ❋

कामना

कर्म को गतिशील रखने वाली चालिका शक्ति है—कामना और उसके कार्यों के प्रति आसक्ति और अचिरता की निश्चित और कामना के अवसान से कालानुक्रमों में भाव की अविच्छिन्नता का अंत किया जा सकता है।

—पुनर्जन्म और क्रम-विकास, पृ. 84

❋ ❋ ❋

कामनाएँ भी बाहर से आती हैं, अवचेतन प्राण में प्रवेश करतीं और फिर ऊपरी तल पर आ जाती हैं। जब वे ऊपरी तल पर प्रकट होती हैं और मन उनके विषय में संज्ञान लेता है, केवल तभी हम कामना के विषय में सचेतन होते हैं। वह हमारी अपनी चीज इसलिए प्रतीत होती है कि हम उसे इस प्रकार प्राण से मन में उठती हुई अनुभव करते हैं और यह नहीं जानते कि वह बाहर से आई है। जो चीज प्राण की, हमारी सत्ता की होती है, जो चीज उसे उत्तरदायी बनाती है, वह स्वयं कामना नहीं होती, बल्कि वह है उन लहरों या सुझावों की धारा को प्रत्युत्तर देने की आदत, जो उस (प्राण या सत्ता) में वैश्व प्रकृति से आती है। *—श्रीअरविंद के पत्र (चतुर्थ भाग), पृ. 354*

❋ ❋ ❋

कामना एक मनोवैज्ञानिक क्रिया है, यह अपने को 'सच्ची आवश्यकता' के साथ तथा अन्य ऐसी वस्तुओं के साथ जोड़ सकती है, जो वस्तुतः सच्ची आवश्यकताएँ न हों। व्यक्ति को सच्ची आवश्यकताओं के पास भी कामना-रहित भाव से ही जाना होगा। यदि उसे वे आवश्यक वस्तुएँ न मिलें तो भी उसे कुछ महसूस नहीं करना चाहिए।

—श्रीअरविंद के पत्र, पृ. 357

❋ ❋ ❋

कामना से पूरी तरह छुटकारा पाने में बहुत समय लगता है। परंतु एक बार यदि तुम इसे प्रकृति से बाहर निकाल सको और यह अनुभव कर सको कि यह बाहर से आने वाली एक शक्ति है और प्राणिक तथा भौतिक सत्ता में अपने पंजे गड़ा देती है तो इस आक्रामकता से मुक्त होना आसान हो जाएगा।

—श्रीअरविंद के पत्र (चतुर्थ भाग), पृ. 355

* * *

भगवान् के लिए या भगवान् की भक्ति के लिए स्पृहा करना एकमात्र ऐसी कामना है, जो व्यक्ति को अन्य सब कामनाओं से मुक्त कर सकती है। तत्त्वतः यह कामना नहीं किंतु एक अभीप्सा है; अंतरात्मा की एक आवश्यकता, अंतरतम सत्ता के जीवन का श्वास-प्रश्वास है और ऐसा होने के कारण इसे कामनाओं में नहीं गिना जा सकता।

—श्रीअरविंद के पत्र (चतुर्थ भाग), पृ. 351-352

* * *

सबसे पहली बात कामना से छुटकारा पाना है; क्योंकि कामना ही सब दुखों और कष्टों का मूल कारण है। कामना से छुटकारा पाने के लिए कामना से कारण का अर्थात् विषयों को पाने और भोगने के लिए इंद्रियों की दौड़ का अंत करना होगा।

—गीता-प्रबंध, पृ. 105

* * *

कामवृत्ति

कामवृत्ति का उपद्रव केवल तभी तक जटिल होता है, जब तक उसे मन और प्राण-संकल्प की स्वीकृति प्राप्त होती है। अगर मन से उसे निकाल दिया जाए अर्थात् अगर मन स्वीकृति देने से इनकार करे, पर प्राण-भाग उससे प्रभावित हो तो यह प्राणमय वासना की एक विशाल लहर के रूप में आती है और मन को जबरदस्ती अपने साथ बहा ले जाने की कोशिश करती है।

—श्रीअरविंद के पत्र (चतुर्थ भाग), पृ. 509

* * *

कालिदास

कालिदास को छंद पर जो परिपूर्ण अधिकार प्राप्त है, वह भी उतना ही महान् है, जितना कि उनका भाषा-शैली पर प्राप्त परिपूर्ण अधिकार।

—भारतीय संस्कृति के आधार, पृ. 357

* * *

कालिदास के काव्य का दूसरा गुण है सारतत्त्व की अखूट पुष्कलता। विचार और सारतत्त्व के परिधानरूप शब्द और स्वर के पूर्ण सौंदर्यात्मक मूल्य को प्राप्त करने के लिए सतर्क रहते हुए वह इस बात की ओर भी समान रूप से सावधान रहते हैं कि स्वयं विचार और सारतत्त्व भी उच्च ओजमय या प्रचुर बौद्धिक, वर्णनात्मक या भावमय मूल्य से संपन्न हो।

— भारतीय संस्कृति के आधार, पृ. 358

* * *

कालिदास के सात अद्यावधि जीवित काव्यों में से प्रत्येक अपने ढंग से, अपनी सीमाओं के भीतर तथा अपने स्तर पर एक अत्युत्कृष्ट कृति है और सातों ही काव्य एक भव्य और सूक्ष्मालंकार युक्त चित्रमाला और लेखावलि हैं, जिसका एकमात्र वास्तविक विषय भारतीय मानस, जीवन और संस्कृति की व्याख्या और चित्रण ही है। उनका मन विपुल वैभव का भंडार था, यह एक ही साथ एक ऐसे विद्वान् और पर्यवेक्षक का मन था और जो अपने समय के समस्त ज्ञान से संपन्न था, अपने समय के राजनीति विज्ञान और विधिशास्त्र, समाज-विषय धारणा, प्रणाली और उसके अंगोपांग—धर्म, गाथा-विज्ञान, दर्शन और कलाशास्त्र में निष्णात था, राजदरबारों के जीवन से घनिष्ठ रूप से परिचित तथा जनसाधारण के जीवन से अभिज्ञ था, प्रकृति के जीवन का, पशुपक्षी, ऋतु, वृक्ष और पुष्प का मन समस्त विद्या तथा नेत्र की समस्त विद्या का व्यापक और अत्यंत सूक्ष्म रूप में पर्यावलोकन करनेवाला था, और साथ ही यह मन सदैव एक महान् कवि और कलाकार का मन था। *— भारतीय संस्कृति के आधार, पृ. 358*

* * *

कालिदास, मिल्टन और वरजिल के साथ सर्वश्रेष्ठ काव्य-कलाकारों की पंक्ति में स्थान ग्रहण करते हैं और उनकी कला में भावना और संवेदना उक्त अंग्रेज कवि की अपेक्षा अधिक सूक्ष्म और सुकुमार है तथा सहज-स्वाभाविक शक्ति का उच्छ्वास भी उक्त रोमन कवि की अपेक्षा अधिक महान् है और यह उसके रूप-विधान को जीवंत और अनुप्राणित करता है। साहित्य में उनकी शैली से अधिक पूर्ण और सुसमंजस शैली और कोई नहीं, पूर्णतः समस्वर और उपयुक्त वाक्शैली का उनसे अधिक अंत:प्रेरित, सतर्क और सिद्धहस्त शिल्पी और कोई नहीं है, उनकी वाक्शैली में शब्दों का प्रयोग तो कम-से-कम किया गया है; पर इसके साथ ही वहाँ एक सूक्ष्म सहजता और दिव्य सुषमा की पूर्णतम अनुभूति प्राप्त होती है।

— भारतीय संस्कृति के आधार, पृ. 357

* * *

कालिदास : रघुवंश महाकाव्य

उनका श्रेष्ठ साहित्यिक महाकाव्य, 'रघुवंश' हमारी जाति की उच्चतम धार्मिक और नैतिक संस्कृति और आदर्शों के प्रतिनिधि रूप प्राचीन राजाओं के एक वंश की कथा का वर्णन करता है और इसके गूढ़ार्थों को प्राय: चित्रात्मक रूप में वर्णित भावना और कार्य-कलाप, श्रेष्ठ या सुंदर विचार और वाणी तथा सजीव घटना, दृश्य और परिपार्श्व की अद्‌भुत साज-सज्जा से परिवेष्टित करके उन्हें हमारे सामने प्रकट करता है। *—भारतीय संस्कृति के आधार, पृ. 359-360*

* * *

काव्य व अध्ययन

काव्य यहाँ तक कि शायद सभी प्रकार की पूर्ण अभिव्यक्ति अंत:प्रेरणा से ही प्राप्त होती है, अध्ययन से नहीं। अध्ययन केवल इतनी सहायता करता है कि यंत्र को भाषा पर पूर्ण अधिकार प्राप्त हो जाता है या वह साहित्यिक ढंग से अपनी बात कहने की कला प्राप्त कर लेता है।

—श्रीअरविंद अपने विषय में, पृ. 248

* * *

कृत्रिमता

मनुष्य-जीवन के अधिकांश भाग की कृत्रिमता ही उसकी अनेक बद्धमूल व्याधियों का कारण है, वह न तो अपने प्रति सच्चा है और हो प्रकृति के प्रति। इसी कारण वह ठोकरें खाता है, कष्ट पाता है। *—मानव-एकता का आदर्श, पृ. 255*

* * *

कौमार्य

कौमार्य एक चीज है और कामावेगों से मुक्त होना दूसरी। इन पर विजय प्राप्त करनी है, इनसे मुक्त होना है, परंतु यदि प्रगति के लिए उनके मुक्त होने की योग्यता को कसौटी बनाया जाए तो मुझे इसमें संदेह है कि कितने व्यक्ति मेरे योग के लिए योग्य घोषित किए जा सकें। इसे जीतने का संकल्प अवश्य बनाए रखना होगा, परंतु कामवेग को बाहर निकाल देना मानव-प्रकृति के लिए सबसे अधिक कठिन वस्तु है, और यदि उसमें समय लगे तो यह बिलकुल स्वाभाविक है।

—श्रीअरविंद के पत्र (चतुर्थ भाग), पृ. 502

* * *

क्रोध

क्रोध विश्व-प्रकृति से आने वाला शक्ति का एक तीव्र प्रवाह है, जो व्यक्ति को

अपने अधिकार में कर लेने की कोशिश करता है और उस व्यक्ति से उसके अंदर विद्यमान अंतरात्मा की इच्छा के अनुसार नहीं बल्कि इस बाहरी शक्ति की इच्छा के अनुसार कार्य कराने की चेष्टा करता है।

—श्रीअरविंद के पत्र (चतुर्थ भाग), पृ. 367

* * *

क्रोध और कलह मानव प्राण-सत्ता के स्वभाव में ही हैं और वे आसानी से नहीं जाते; परंतु महत्त्वपूर्ण चीज है परिवर्तन का संकल्प और स्पष्ट रूप से यह बोध कि ये चीजें अवश्य चली जाएँगी यदि वह संकल्प और बोध विद्यमान हो तो अंत में ये चीजें अवश्य चली जाएँगी।

—श्रीअरविंद के पत्र (चतुर्थ भाग), पृ. 371

* * *

गपशप

गपशप करने की वृत्ति सदैव ही एक बाधा होती है।

—श्रीअरविंद के पत्र (द्वितीय भाग), पृ. 323

* * *

गलत

गलत से मतलब है वह चीज, जो सत्य से उच्चतर चेतना और उच्चतर आत्मा से भगवान् के पथ से विरत हो।

—श्रीअरविंद के पत्र (द्वितीय भाग), पृ. 159

* * *

गीता

गीता पहेली को टालने के लिए जगत् में से किसी बगल के दरवाजे से निकल भागने की चेष्टा नहीं करती।

—गीता-प्रबंध, पृ. 50

* * *

गीता है अक्षय मणियों की खान। यदि युग-युगांत तक इस खान से मणियाँ निकली रहें तो भी भावी वंशधर इससे सर्वदा नए-नए अमूल्य मणि-माणिक्य प्राप्त कर प्रसन्न और विस्मित होते रहेंगे।

—बँगला रचनाएँ, पृ. 78

* * *

गीता है अनगिनत रत्नों को उत्पन्न करने वाला अथाह समुद्र। जीवन भर इस समुद्र की थाह लेते रहने पर भी इसकी गहराई का अनुमान नहीं लगता, इसकी थाह नहीं मिलती। सैकड़ों वर्षों तक ढूँढ़ते रहने पर भी इस अनंत रत्न-भंडार का सहस्रांश भी आहरण करना दुष्कर है। तथापि इससे दो-एक रत्न भी निकाल लेने पर दरिद्र धनी हो जाते हैं, गंभीर चिंतनशील व्यक्ति ज्ञानी, भगवद्विद्वेषी प्रेमिक बन जाते हैं और महापराक्रमी, शक्तिमान, कर्मवीर अपने जीवन की उद्‌देश्य-सिद्धि के लिए पूर्ण रूप से सुसज्जित और सन्नद्ध हो कर्मक्षेत्र में लौट आते हैं।

—बँगला रचनाएँ, पृ. 78

* * *

गीता जगत् की श्रेष्ठ धर्मपुस्तक है। गीता में जिस ज्ञान की व्याख्या संक्षेप में की गई है, वही ज्ञान चरम और गुह्यतम है; गीता में जिस धर्मनीति का वर्णन है, सब धर्मनीतियाँ उसी नीति के अंतर्गत और उसी पर प्रतिष्ठित हैं, गीता में जो कर्ममार्ग प्रदर्शित किया गया है, वही कर्ममार्ग है, उन्नतिशील जगत् का सतातन मार्ग।

—बँगला रचनाएँ, पृ. 78

* * *

संसार के अन्य महान् धर्मग्रंथों की अपेक्षा गीता की यह विलक्षणता है कि वह अपने आप में ग्रंथ नहीं है; इसका निर्माण बुद्ध, ईसा या मुहम्मद जैसे किसी महापुरुष के आत्मिक जीवन के फलस्वरूप नहीं हुआ है, न वेदों और उपनिषदों के समान किसी विशुद्ध आध्यात्मिक अनुसंधान के युग का फल है, बल्कि यह जगत् के राष्ट्रों और उनके संग्रामों तथा मनुष्यों और उनके पराक्रमों के ऐतिहासिक महाकाव्य के अंदर एक उपाख्यान है, जिसका प्रसंग इसके एक प्रमुख पात्र के जीवन में उपस्थित एक प्रकट संकटकाल से पैदा हुआ है।

—गीता-प्रबंध, पृ. 11

* * *

हमारा विश्वास है कि गीता ही जगत् के भावी धर्म का सर्वजनसम्मत शास्त्र होगी। किंतु गीता का ठीक-ठीक अर्थ सब नहीं समझते। बड़े-बड़े पंडित और श्रेष्ठ मेधावी, तीक्ष्ण बुद्धि लेखक भी इसका गूढ़ार्थ समझने में असमर्थ हैं।

—बँगला रचनाएँ, पृ. 67

* * *

गुरु

यह सदा ही कहा गया है कि शिष्य बनाने का अर्थ है स्वयं अपनी कठिनाइयों

को अपने ऊपर लेना। निःस्संदेह, यदि गुरु शिष्य के साथ एकाकार न हो जाए, उसे स्वयं अपनी चेतना में ले ले, उसे अपने से बाहर रखे और उसे केवल उपदेश देकर बाकी उसे अपने आप करने के लिए छोड़ दे तो इस परिणामों की संभावना बहुत कम हो जाती है, लगभग शून्य हो जाती है।

—श्रीअरविंद के पत्र (द्वितीय भाग), पृ. 119

* * *

वह, जिसने सत्य को उपलब्ध कर लिया है और स्वयं जिसे वह ज्योति, वह अनुभूति प्राप्त है और जो उसका संचरण करने में समर्थ है; ऐसा पथ-प्रदर्शक, जो इतना सबल है कि राह की शिक्षा दे सकता है, राह बता सकता है और हाथ पकड़कर ले चल भी सकता है, कठिन राह पार करा सकता है।

—दिव्य जीवन, पृ. 358

* * *

सभी कठिनाइयों में, जहाँ व्यक्तिगत प्रयास अवरुद्ध हो जाता है, गुरु की सहायता हस्तक्षेप कर सकती और सिद्धि के लिए जो कुछ भी आवश्यक हो अथवा जो कुछ तात्कालिक स्थिति में आवश्यक हो, उसे संपन्न कर सकती है।

—श्रीअरविंद के पत्र (द्वितीय भाग), पृ. 78

* * *

गृध्रसी

गृध्रसी एक चीज है, जो केवल आंतरिक संकेंद्रित शक्ति के ही वश में आती है या फिर स्वयं चली जाती है। बाह्य उपचार अधिक-से-अधिक उसका उपशमन ही कर सकते हैं।

—श्रीअरविंद के पत्र (चतुर्थ भाग), पृ. 567

* * *

गृध्रसी स्नायवीय बीमारी से अधिक कुछ नहीं है। यह स्नायुओं द्वारा मांसपेशियों की क्रिया को प्रभावित करती है। तथापि यदि तुम शक्ति को उस ओर प्रेरित कर सको तो इससे तुरंत छुटकारा पाया जा सकता है।

—श्रीअरविंद के पत्र (चतुर्थ भाग), पृ. 567

* * *

घृणा

घृणा एक विक्षुब्ध और आत्मपीड़क वस्तु है, परंतु उसमें अपना विकृत आनंद और अपनी तुष्टियाँ हैं।

—पुनर्जन्म और क्रम-विकास, पृ. 116

* * *

घृणा का अभ्यास हमारी सत्ता को भ्रष्ट करता, उसे विषम और बुरी तथा अस्वस्थ विषाक्त सामग्री से भरता और बुराई की सर्वसामान्य शक्ति की ओर खोलता है।

—पुनर्जन्म और क्रम-विकास, पृ. 115

* * *

चरित्र

यदि हमें जीवित रहना है, यदि अनंत नरक से मुक्त होने की लेशमात्र भी अभिलाषा है, तो राष्ट्र की रक्षा करना हमारा प्रथम कर्तव्य है। और राष्ट्र की रक्षा का उपाय है आर्यचरित का पुनर्गठन। समस्त राष्ट्र को, विशेषकर युवकों को ऐसी उपयुक्त शिक्षा, उच्च आदर्श और आर्यभाव-उद्दीपक कर्मप्रणाली देना है हमारा प्रथम उद्देश्य, जिससे जननी जन्मभूमि की भावी संतान ज्ञानी, सत्यनिष्ठ, मानवप्रेमपूर्ण, भ्रातृ-भावयुक्त, साहसी शक्तिमान और विनीत बने।

—बँगला रचनाएँ, पृ. 115

* * *

चितरंजन दास

राजनीतिक प्रतिभा, रचनात्मक कल्पना, आकर्षण-शक्ति, संकल्प, अंतर्दृष्टि के लिए मन की असाधारण नमनीयता और समयानुकूल युक्तिकौशल को मिलाने वाली नेतृत्वशक्ति—इन सब गुणों से पूर्णतया विभूषित वे ही तिलक के बाद एकमात्र ऐसे व्यक्ति थे, जो भारत को स्वराज्य की मंजिल तक पहुँचा सकते थे।

—श्रीअरविंद अपने विषय में, पृ. 327

* * *

चित्रकार

चित्रकार की कला के आनंद के लिए इंद्रिय की खोज को आत्मा द्वारा सृष्टि में प्रकट किए हुए या छिपाकर रखे हुए वैश्व सौंदर्य के अर्थ की शुद्ध तीव्रता के लिए आत्मा की खोज में बदलकर उसको आत्मा के समक्ष चाक्षुष रूप में सत्य सिद्ध करती है।

—भारतीय संस्कृति के आधार, पृ. 293

* * *

चेतना

तुम्हारी चेतना जितनी अधिक व्यापक होगी, उतना ही अधिक तुम ऊपर से आने वाली चीजों को ग्रहण करने में समर्थ होगे। उस समय ऊपर से भागवत शक्ति अवतरित हो सकेगी और तुम्हारे आधार में शांति के साथ-साथ शक्ति और ज्योति को ले आ

सकेगी। अपने अंदर जिस चीज को तुम संकीर्ण और सीमित अनुभव कर रहे हो, वह तुम्हारा भौतिक (स्थूल) मन है। यह तभी विशाल बन सकता है, जबकि ये विशालतर चेतना और ज्योति नीचे उतर आएगी और तुम्हारी प्रकृति को अधिकृत कर लेगी।

—श्रीअरविंद के पत्र (द्वितीय भाग), पृ. 154-155

* * *

चेत्यीकरण

चेत्यीकरण का अर्थ है, निम्नतर प्रकृति में ऐसा परिवर्तन, जो मन में सम्यक् दृष्टि, प्राण में समुचित आवेग और बोध, शरीर में यथार्थ क्रिया और गति तथा अभ्यास ले आता है। ये सभी भगवान् की ओर मुड़े होते हैं, सबका आधार होता है प्रेम, पूजा-भाव और भक्ति। अंत में हम सर्वत्र सबमें तथा अपने हृदय में श्री माताजी के दर्शन और अनुभव प्राप्त करते हैं, उनकी शक्ति को अपनी सत्ता में कार्य करते हुए अनुभव करते हैं; श्रद्धा, आत्मोत्सर्ग, आत्मसमर्पण का भाव जाग्रत् होता है।

—भारतीय संस्कृति के आधार, पृ. 3

* * *

जाति

जो जाति सजगता के साथ जीना सीख जाती है, प्रधानतः अपने एवं बाह्य जीवन में ही नहीं, पीछे की ओर स्थित अंतरात्मा और आत्मा में भी सजगता के साथ जीना सीख जाती है, वह जाति संभवतः कभी भी नष्ट नहीं हो सकती। विलुप्त होकर या दूसरी जातियों में विलीन होकर या घुल-मिलकर समाप्त नहीं हो सकती या अपना स्थान किसी नई जाति एवं समाज के लिए खाली करने के लिए बाध्य नहीं हो सकती; बल्कि वह अनेक आदिम लघुतर समाजों को स्वयं अपने जीवन के अंदर मिलाकर और अपनी स्वाभाविक उन्नति के सर्वोच्च शिखर पर आरूढ़ होकर बिना मरे अनेक नए जन्मों में से गुज़र सकती है।

—भारतीय संस्कृति के आधार, पृ. 400

* * *

यदि किसी जाति या सभ्यता की आभ्यंतरिक इच्छा मृत्यु का आलिंगन करने की हो, यदि वह अवनतिजनक उदासीनता और मुमूर्ष की हस्तक्षेप न करने देने की इच्छा के साथ चिपकी रहे या शक्तिशाली होते हुए भी विनाशकारी प्रवृत्तियों पर अंधवत् आग्रह करे अथवा यदि वह केवल मृत युग की शक्तियों को ही स्नेह के साथ सँजोए और भविष्य की शक्तियों को अपने से दूर हटा दे, यदि वह अतीत जीवन को भावी

जीवन की अपेक्षा अधिक पसंद करे तो कोई भी चीज अवश्यंभावी विघटन या विध्वंस से उसकी रक्षा नहीं कर सकेगी, यहाँ तक कि विपुल शक्ति, साधन-संपदा और बुद्धि, जीवन के लिए आह्वान करनेवाली शत-शत पुकारें और निरंतर प्रदान किए गए अवसर भी उसे विनाश से नहीं बचा सकेंगे। परंतु यदि उसके अंदर दृढ़ आत्मविश्वास उत्पन्न हो जाए, जीने की प्रबल इच्छा जाग्रत् हो उठे, यदि वह आने वाली वस्तुओं की ओर खुल जाए, भविष्य को और उसके द्वारा प्राप्त होने वाली वस्तुओं को अधिकृत करने की इच्छुक हो और जहाँ कहीं वह (भविष्य) विरोधी प्रतीत हो, वहाँ वह उसे बदल देने की शक्ति रखती हो तो वह विरोध और पराजय से भी अदम्य विजय की शक्ति खींच सकती है और ऊपरी विवशता एवं पतन की अवस्था से नवजीवन की ओजस्वी ज्वाला के रूप में एक भव्यतर जीवन की ज्योति की ओर उठ सकती है।

—भारतीय संस्कृति के आधार, पृ. 40

* * *

जीवन

जीवन अपने व्यापकतम अर्थ में हमारे आंतरिक और बाह्य कर्म का एक महान् जाल है, शक्ति का खेल कर्म का खेल है। धर्म, दर्शन, चिंतन, विज्ञान, काव्य और शिल्प नाटक, संगीत, नृत्य और अभिनय, राजनीति और समाज, उद्योग, शांति, संघर्ष और एकता, विजय और पराजय, अभीप्साएँ और उतार-चढ़ाव विचार और भावावेग, वचन और कर्म तथा हर्ष और शोक ही मनुष्य-जीवन का गठन करते हैं।

—भारतीय संस्कृति के आधार, पृ. 221-222

* * *

जीवन एक ऐसी वस्तु है, जिसे हमें अपनी सामर्थ्य के अनुसार युक्तिपूर्वक या बलपूर्वक अधिकृत करना तथा भोगना चाहिए।

—भारतीय संस्कृति के आधार, पृ. 106

* * *

सारा जीवन ही धर्मक्षेत्र है, संसार भी धर्म है। केवल आध्यात्मिक ज्ञानालोचना और शक्ति की भावना धर्म नहीं, कर्म भी धर्म है। यही महती शिक्षा सनातन काल से हमारे समस्त साहित्य में व्याप्त रही है। *—बँगला रचनाएँ, पृ. 162*

* * *

जीवन-कला

जीवन की एकमात्र सच्ची कला होगी, समाज की बढ़ती हुई क्षमता एवं भलाई

के लिए उस ज्ञान का व्यवस्थित उपयोग, जिससे कि मनुष्य का क्षणस्थायी जीवन अधिक सक्षम, अधिक सहनयोग्य एवं सुख-सुविधापूर्ण बन जाए, अधिक साधन-संपन्न तथा मन, प्राण और देह के भोगों से अधिक प्रचुर रूप में समृद्ध हो जाए। हमारे समस्त दर्शन, हमारे समस्त धर्म (यदि यह मान लिया जाए कि अभी धर्म से परे जाकर उसका त्याग नहीं किया गया है), हमारा समस्त विज्ञान, चिंतन कला, सामाजिक संघटन, विधि-विधान और अनुष्ठान को जीवन विषयक इसी विचार पर अपनी नींव रखनी होगी और एकमात्र इसी ध्येय और प्रयास की सेवा करनी होगी।

—भारतीय संस्कृति के आधार, पृ. 18

* * *

ज्ञान

ज्ञान का अनुसरण जिस किसी मार्ग से किया जाए, केवल अपनी अंतिम धारणा में ही नहीं, वरन् अपने सामान्य परिणामों की वृहत् धारा में भी ज्ञान एकत्व की ओर बढ़ता जाता है।

—दिव्य जीवन, पृ. 126

* * *

तमस

तमस और तामसिक अहंकार एक-दूसरे को उपलक्षित करते हैं। जब कोई तमस को समर्पण करता है तो वह तामसिक अहंकार को भी अनुमति देता है।

—श्रीअरविंद के पत्र, पृ. 335

* * *

तर्क

बाह्य तर्क मन के द्वारा उत्पन्न किए जाते हैं और मन भी उनका प्रत्युत्तर कभी देता है, कभी नहीं भी देता। बाहर की कोई वस्तु तब तक प्रभाव नहीं डाल सकती, जब तक मन उन्हें अपने सामने एक विशेष ढंग से प्रस्तुत न करे तथा उन्हें अपना निजी उत्तर न दे।

—श्रीअरविंद के पत्र (चतुर्थ भाग), पृ. 298

* * *

तर्कबुद्धि

तर्कबुद्धि इंद्रियों का अतिक्रमण कर जाती है और हमें सत्य के अन्य एवं सूक्ष्मतर स्तरों में प्रवेश प्रदान करती है; इसी प्रकार अंतर्ज्ञान तर्कबुद्धि को अतिक्रम कर जाता है

और हमें सत्य की अधिक साक्षात् एवं ज्योतिर्मय शक्ति में प्रवेश प्रदान करता है।

—भारतीय संस्कृति के आधार, पृ. 240

* * *

तर्कबुद्धि परम ज्योति नहीं है, परंतु फिर भी वह एक आवश्यक प्रकाशदायिनी है।

—पुनर्जन्म और क्रम-विकास, पृ. 259

* * *

तर्क-विचार

तर्क-विचार अपने निजी क्षेत्र में उपयोगी और अपरिहार्य है, इससे मन को अपने निज के विचारों और शब्द-प्रतीकों से व्यवहार करने में एक विशेष स्पष्टता, यथातथ्यता और सूक्ष्मता प्राप्त होती है।

—दिव्य जीवन-2, पृ. 81

* * *

तर्कशास्त्र

मैंने यह कभी नहीं सुना कि अच्छी अभिव्यक्ति के लिए तर्कशास्त्र पढ़ना आवश्यक है। मैं जहाँ तक जानता हूँ, ऐसे अच्छे लेखक बहुत थोड़े हैं, जिन्होंने उस विषय को पढ़ने का कभी कष्ट उठाया हो।

—श्रीअरविंद के पत्र (चतुर्थ भाग), पृ. 222

* * *

ताजमहल

ताजमहल केवल एक शाही प्रेम की ऐंद्रिय स्मृति या चंद्रलोक के चमकदार पत्थरों से बनाया परियों का जादू नहीं है, बल्कि मृत्यु के बाद भी जीवित रहने वाले प्रेम का एक शाश्वत स्वप्न है।

—भारतीय संस्कृति के आधार, पृ. 271

* * *

तामसिक अहंकार

तामसिक अहंकार है अज्ञता और निश्चेष्टता से पूर्ण। मैं अधम हूँ, मैं निरुपाय, आलसी, अक्षम, हीन हूँ। मेरे लिए कोई आशा नहीं, मैं प्रकृति में लीन हो रहा हूँ, लीन होना ही मेरी गति है—ये सब भाव हैं तमःप्रधान, अप्रवृत्ति और अप्रकाश जनक।

—बँगला रचनाएँ, पृ. 145

* * *

तामसिक कर्म

जो कर्म सहज प्रेरणाओं, आवेगमय प्रवृत्तियों तथा दृष्टिशून्य धारणाओं का यंत्रवत् अनुसरण करते हुए विमूढ़, भ्रांत और अज्ञ मन के साथ किया जाता है और जिसमें शक्ति या सामर्थ्य का अथवा अंध दुष्प्रयुक्त प्रयत्न की क्षति एवं अपव्यय का किंवा आवेग, प्रयास या परिश्रम के पूर्ववर्ती कारण और भावी फल तथा यथातथ्य अवस्थाओं का कुछ भी विचार नहीं किया जाता, वह कर्म तामसिक कर्म होता है।

—गीता-प्रबंध, पृ. 525

* * *

त्याग

जीवन स्वभावतः एकतरफा आत्मदान नहीं हो सकता, देने की समस्त क्रिया में कुछ-न-कुछ ग्रहण भी करना होता है।

—मानव-एकता का आदर्श, पृ. 382

* * *

त्याग का अर्थ है कामना का त्याग, स्वार्थ का त्याग। उस त्याग की शिक्षा के लिए पर्वत या निर्जन स्थान में आश्रय नहीं लेना होता। कर्मक्षेत्र में ही कर्म द्वारा वह शिक्षा मिलती है। कर्म ही है योग-पथ पर आरूढ़ होने का साधन!

—बँगला रचनाएँ, पृ. 71

* * *

त्याग का सात्त्विक सूत्र कर्म के पीछे हटना नहीं, बल्कि व्यक्तिगत माँग एवं उसके मूल में रहनेवाले अहंतत्त्व से पीछे हटना है।

—गीता-प्रबंध, पृ. 520

* * *

दंड

अपराध एवं उसका दंड सदा ही एक प्रकार का पारस्परिक बल-प्रयोग, विद्रोह और नागरिक कलह होता है। *—मानव-एकता का आदर्श, पृ. 121*

* * *

दमन

दमन कुछ नहीं है, केवल परमात्मा का हथौड़ा है, जो हमें विशिष्ट रूप में ढाल रहा है, जिससे हम एक शक्तिशाली राष्ट्र के रूप में ढल जाएँ और विश्व में उसके कार्य के लिए माध्यम बन जाएँ। हम उसकी तिपाई पर लोहा हैं और चोटें हमें नष्ट करने के

लिए नहीं, पुनर्निर्मित करने के लिए पड़ रही हैं। बिना कष्ट उठाए तो विकास हो ही नहीं सकता।

—महायोगी श्रीअरविंद, पृ. 30

जीवन को दबाने और उसे आवश्यकता से अधिक नियमित करने से हम संकट में पड़ जाते हैं। शासन-प्रबंध की अति करने से हम प्रकृति की प्रेरणा और उसके सहज आत्म-अनुकूलन के स्वभाव को कुचल डालते हैं। नमनीयता से कम या अधिक वंचित निष्प्राण व्यक्तित्व ऊपर से सुंदर और सुडौल प्रतीत होने पर भी अंदर से नष्ट हो जाता है।

—मानव-एकता का आदर्श, पृ. 159

* * *

दिव्य जीवन

पूर्ण रूप से सच्चा होने का मतलब है एकमात्र दिव्य सत्य की कामना करना, भगवती माता को अधिकाधिक आत्मसमर्पण करना। इस एक अभीप्सा से भिन्न अन्य सभी व्यक्तिगत माँगों और कामनाओं का त्याग करना, जीवन के प्रत्येक कर्म को श्री भगवान् के चरणों में उत्सर्ग कर देना और कर्म को भगवद्दत्त कर्म समझकर करना तथा उसमें अहंकार को न आने देना। यही दिव्य जीवन का आधार है।

—श्री माताजी के विषय में, पृ. 175

* * *

दुःख

दुःख स्पष्टतः चेतना के ऐसे परिसीमन का, शक्ति पर ऐसे प्रतिबंध का परिणाम है, जो हमें अन्य शक्ति प्रतीत होती है, उसके स्पर्श पर प्रभुता पाने अथवा उसे आत्मसात् करने से रोकता है। इस असामर्थ्य और असामंजस्य का परिणाम यह होता है कि हम उस स्पर्श के आनंद को ग्रहण नहीं कर सकते और इसका प्रभाव हमारे इंद्रिय-बोध में कष्ट या पीड़ा की प्रतिक्रिया रूप में, अभाव या अतिरेक रूप में, आंतरिक या बाह्य क्षति में फलित होने वाली विसंगति के रूप में पड़ता है।

—दिव्य जीवन-2, पृ. 125

* * *

दुख-क्लेश

तुम्हारे दुख-क्लेश का इसके सिवा दूसरा कोई कारण नहीं है कि उनकी खटखटाहट को सुनने और दरवाजा खोल देने के लिए इस प्रकार तैयार रहते हो। यदि तुम केवल भगवान् को चाहते हो तो यह बिलकुल निश्चित है कि तुम उनको पाओगे, परंतु प्रत्येक

क्षण यह सब शंका-संदेह उपस्थित करना और व्यग्र होते रहना विलंब कराता तथा हृदय एवं आँखों के सामने एक निकटवर्ती परदा डाल देता है।

—श्रीअरविंद के पत्र (द्वितीय भाग), पृ. 80

* * *

दुःखजय

दुःखजय का वास्तविक उपाय है ज्ञान, शांति और समता। शांति-भाव से सुख-दुख को ग्रहण करना ही है वास्तविक पथ। प्राण में होनेवाले सुख-दुख के संचार को रोकना नहीं चाहिए, बल्कि बुद्धि को अविचलित रखना चाहिए। समता का स्थान बुद्धि है, चित्त और प्राण नहीं। बुद्धि सम होने पर चित्त और प्राण अपने आप सम हो जाते हैं और प्रेम आदि प्रकृतिजात प्रवृत्तियाँ भी नहीं सूखतीं, मनुष्य पत्थर नहीं हो जाता, जड़ और निर्जीव नहीं बन जाता। *—बँगला रचनाएँ, पृ. 135*

* * *

दुर्बलता पर ध्यान दें

न तो हमें हमने अधःपतन की झूठी बड़ाई करनी चाहिए या उस पर मुलम्मा ही चढ़ाना चाहिए और न ही विदेशियों की वाहवाही लूटने के लिए अपने पैरों आप कुल्हाड़ी ही मारनी चाहिए। बल्कि हमें अपनी असली दुर्बलता तथा इसके मूल कारणों की ओर ध्यान देना चाहिए, पर साथ ही अपने शक्तिदायी तत्त्वों एवं अपनी स्थायी आवश्यकताओं पर और अपना नव-निर्माण करने की तथा अपनी क्रियाशील प्रेरणाओं पर हमें और भी दृढ़ मनोयोग के साथ अपनी दृष्टि गड़ानी चाहिए।

—भारतीय संस्कृति के आधार, पृ. 44

* * *

देश

देश ही है राष्ट्रीयता की प्रतिष्ठा-भूमि। राष्ट्र नहीं, धर्म नहीं, और कुछ भी नहीं, एकमात्र देश। राष्ट्रीयता के और सब उपकरण गौण हैं, पर हैं उपयोगी। देश ही है मुख्य और आवश्यक। बहुत सी परस्पर विरोधी जातियाँ एक देश में निवास करती हैं, उनमें कभी भी सद्भाव, एकता, मैत्री नहीं थी, परंतु इसमें भय क्या? जब एक देश, एक माँ है, जब एक दिन एकता आकर ही रहेगी, अनेक जातियों के मिलने से एक बलवान अजेय राष्ट्र उत्पन्न होगा ही। *—बँगला रचनाएँ, पृ. 180*

* * *

देशभक्ति

कोरी काव्यमय या देशभक्तिपूर्ण भावना—ठीक वैसे ही जैसे तुम्हारे अंदर केवल

तुम्हारा मांस, त्वचा, हड्डियाँ और दूसरी चीजें वास्तविक हैं; पर जिन्हें तुम अपना मन एवं आत्मा कहते हो, उनका कोई अपना अस्तित्व नहीं है, वे तो केवल मानसिक आभास हैं, जो तुम्हारे खाए भोजन से और ग्रंथियों की क्रिया से उत्पन्न होते हैं। निस्संदेह, काव्य और देशभक्ति का भी यह उद्गम है और जिन वस्तुओं की ये बात करते हैं, वे सर्वथा अवास्तविक हैं।

—श्रीअरविंद अपने विषय में, पृ. 326

❊ ❊ ❊

देशभक्ति के अपराध के लिए हमें कोई भी दंड दिया जाए, राष्ट्र के प्रति अपने कर्तव्य का पालन करने में हमें किसी भी खतरे का सामना करना पड़े, तो भी हमें आगे ही बढ़ना चाहिए। देश का कार्य करना ही चाहिए।

—महायोगी श्रीअरविंद, पृ. 31-32

❊ ❊ ❊

देश-सेवा

हमारे लिए जैसा समय और जैसी अवस्था उपस्थित हुई है, उसमें हमारा प्रधान कर्तव्य हो गया है—रज: और सत्य यानी प्रवृत्ति और ज्ञान को जगा, तम का वर्जन कर देश-सेवा और जगत्सेवा के लिए अपने राष्ट्र की आध्यात्मिक शक्ति और नैतिक बल को पुनरुज्जीवित करना। इस जीर्ण-शीर्ण तम:पीड़ित स्वार्थसीमित राष्ट्र के गर्भ से ज्ञानी, शक्तिमान और उदार आर्यजाति की पुन: सृष्टि करनी होगी।

—बँगला रचनाएँ, पृ. 71

❊ ❊ ❊

दोष

दोषों का पता लगाकर उनका परित्याग करना चाहिए, पर एकाग्रता भावात्मक होनी चाहिए, उस वस्तु पर जो तुम्हें बनना है अर्थात् नई चेतना के विकास पर न कि निषेधात्मक पक्ष पर।

—श्रीअरविंद के पत्र (चतुर्थ भाग), पृ. 685

❊ ❊ ❊

दोष-चर्चा

दूसरों के दोषों की बहुत अधिक चर्चा मत करो। वह सहायक नहीं होता। अपने मनोभाव में सर्वदा अचंचलता और शांति को बनाए रखो।

—श्रीअरविंद के पत्र (द्वितीय भाग), पृ. 321

❊ ❊ ❊

दोषारोपण

सच पूछो तो प्रत्येक व्यक्ति का तुच्छ अहं ही दूसरों की 'वास्तविक या अवास्तविक' त्रुटियों को खोजना और उनके विषय में बातचीत करना पसंद करता है और इससे कुछ नहीं आता-जाता कि वे वास्तविक हैं या अवास्तविक। अहं को उनके विषय में राय देने का कोई अधिकार नहीं है, क्योंकि उसे सत्य दृष्टि या यथार्थ भाव नहीं प्राप्त है। वास्तव में एकमात्र शांत, अनासक्त, धीर-स्थिर, सर्व-प्रेममय आत्मा ही प्रत्येक जीवन के बल और दुर्बलता को ठीक-ठाक देख सकता और उनका विचार कर सकता है।

—श्रीअरविंद के पत्र (द्वितीय भाग), पृ. 323

❋ ❋ ❋

स्वयं अपने आप उन्हीं दोषों से बचने में पटु होने की अपेक्षा कहीं अधिक मनुष्य दूसरों के कार्य की कटु आलोचना करने और उनसे यह कहने में समर्थ होता है कि कार्य कैसे करना चाहिए और क्या नहीं करना चाहिए। निस्संदेह, बहुत बार उन्हीं दोषों को मनुष्य दूसरों में अधिक आसानी से देख लेता है, जो स्वयं उसमें होते हैं, पर जिन्हें वह देखने में असमर्थ होता है। मानव-स्वभाव के सामान्य दोष हैं और थोड़े ही लोग इनसे बचते हैं। मानव-मन वास्तव में अपने विषय में सचेतन नहीं होता, यही कारण है कि योग में मनुष्य को सर्वदा यह खोजना और देखना होता है कि अपने अंदर क्या है तथा अधिकाधिक सज्ञान होना होता है।

—श्रीअरविंद के पत्र (द्वितीय भाग), पृ. 322

❋ ❋ ❋

धर्म

अपने साररूप में तो धर्म एक स्थिर वस्तु है, किंतु फिर भी वह हमारी चेतना में अभिवर्द्धित एवं विकसित होता है। *—भारतीय संस्कृति के आधार, पृ. 129*

❋ ❋ ❋

धर्म एक साथ ही कर्म का धार्मिक नियम और हमारी प्रकृति का गंभीरतम विधान है, वह कोई ऐसा सिद्धांत, धर्ममत या आदर्श नहीं है, जो नैतिक और सामाजिक नियममात्र की प्रेरणा देता हो जैसा कि पश्चिमी विचार में उसे माना जाता है; वह तो हमारे जीवन के सभी अंगों के कार्य-व्यापार का यथार्थ विधान है। अपने जीवन-यापन के न्यास और पूर्ण विधान का अनुसंधान करने की मनुष्य की प्रवृत्ति धर्म में ही सत्यता और सार्थकता का लाभ करती है। *—भारतीय संस्कृति के आधार, पृ. 129*

❋ ❋ ❋

धर्म को अतिबौद्धिक एवं आध्यात्मिक सत्य की प्राप्ति में मनुष्य का मार्गदर्शक बनना होगा और अपने मार्ग में इसे आलोकित बुद्धि की सहायता लेनी होगी, परंतु वह हमारी जटिल प्रकृति के शेष भागों को भगवान् की ओर पुकारने से नहीं चूक सकता और इसे फिर प्रत्येक मनुष्य को, जहाँ वह स्थित है वहीं से हाथ में लेना होगा और वह जो कुछ भी अनुभव कर सकता है, उसी के द्वारा उसे आध्यात्मिक बनना होगा, न कि उस पर तुरंत कोई ऐसी चीज थोप देनी होगी, जिसे वह अभी एक सच्ची और सजीव शक्ति के रूप में हृदयंगम नहीं कर सकता।

—भारतीय संस्कृति के आधार, पृ. 112

❊ ❊ ❊

प्रत्येक वस्तु का अपना धर्म अर्थात् अपने जीवन का विधान होता है, जो उसकी प्रकृति के द्वारा उस पर लादा जाता है; परंतु मनुष्य के लिए धर्म है, अपने सभी अंगों पर आदर्श जीवन-यापन के नियम को सचेतन रूप में लागू करना।

—भारतीय संस्कृति के आधार, पृ. 129

❊ ❊ ❊

सभी धर्म नैतिकता की ध्वजा को ऊँचा उठाते हैं और शास्त्र-विरोधियों, समाज-विद्रोहियों और दुरात्माओं को छोड़कर सभी लोग, चाहे वे धर्मपरायण हों या संसारपरायण, अपने जीवन में उस उच्च आदर्श का अनुसरण करने या कम-से-कम उसे स्वीकार करने का दावा करते हैं।

—भारतीय संस्कृति के आधार, पृ. 100

❊ ❊ ❊

धैर्य

जिस मनुष्य में जीवन और उसकी कठिनाइयों का मुकाबला धैर्य और दृढ़ता के साथ करने का साहस नहीं है, वह कभी साधना की ओर भी अधिक बड़ी आंतरिक कठिनाइयों को पार करने में समर्थ नहीं होगा। इस योग का एकदम पहला पाठ यह है कि अचंचल मन से, अटूट साहस तथा भागवती शक्ति पर संपूर्ण निर्भरता के साथ जीवन तथा उसकी परीक्षाओं का सामना किया जाए।

—श्रीअरविंद के पत्र (द्वितीय भाग), पृ. 128

❊ ❊ ❊

निग्रह

निग्रह का अर्थ है क्रिया का निरोध, किंतु केवल रोकी हुई क्रिया महज स्थगित

ही की गई होती है। अपने को इस क्रिया से विलग करके उसे अस्वीकृत या बहिष्कृत कर देना अधिक अच्छा है।

—श्रीअरविंद के पत्र (चतुर्थ भाग), पृ. 360

* * *

निद्रा

निद्रा की कमी वह कारण है, जो तुम्हारे स्नायुमंडल को दुर्बलता के प्रति खुला रखता है। यथेष्ट नींद न लेना भारी भूल है। सात घंटे तो कम-से-कम सोना ही चाहिए। यदि किसी का स्नायुमंडल अत्यंत ही सबल हो तो वह उसे घटाकर छह कर सकता है; कभी-कभी पाँच भी; परंतु यह अत्यंत ही विरल है। आवश्यकता के बिना इसके लिए चेष्टा नहीं करनी चाहिए। *—श्रीअरविंद के पत्र (चतुर्थ भाग), पृ. 444*

* * *

नियम

प्रत्येक मनुष्य की प्रकृति का अपना एक प्रकार होता है और उस प्रकार की पूर्णता के लिए कोई नियम अवश्य होना चाहिए; प्रत्येक का अपना विशेष कार्य होता है और उस कार्य के लिए कोई नियम और आदर्श होना ही चाहिए।

—भारतीय संस्कृति के आधार, पृ. 130

* * *

सबको एक ही नियमावली के अधीन नहीं रखना चाहिए; क्योंकि वह निरर्थक ज्यामितिक कठोरता होगी, जो जीवन के नमनीय सत्य को विकृत कर देगी।

—श्रीअरविंद के पत्र (द्वितीय भाग), पृ. 130

* * *

नियमित

नियमित होने की योग्यता एक महान् शक्ति है। मनुष्य अपने समय और अपनी गतिविधियों का स्वामी बन जाता है।

—श्रीअरविंद के पत्र (द्वितीय भाग), पृ. 213

* * *

निर्गुण

निर्गुण का सामान्य अनुभव यह है कि वह किसी भी रूप के बिना या देश-काल से संबद्ध हुए बिना सर्वत्र विद्यमान है।

—श्रीअरविंद के पत्र (द्वितीय भाग), पृ. 562

* * *

निर्गुण ब्रह्म का कोई निवास-स्थान नहीं होता और न ही हो सकता है। वह सर्वव्यापी है। यदि कोई कहे कि निर्गुण ब्रह्म का निवास हृदय में है तो उससे पूछा जा सकता है कि निर्गुण ब्रह्म से उसका क्या आशय है।

—श्रीअरविंद के पत्र (द्वितीय भाग), पृ. 562

❊ ❊ ❊

निर्बलता

यदि तुम निर्बलता के विचार को दूर फेंक दो तो शक्ति लौट आएगी। किंतु प्राणमय भौतिक सत्ता में सदा ही कोई ऐसी चीज होती है, जो अधिक निर्बल और बीमार होने से प्रसन्न होती है, जिससे यह अपनी करुणाजनक अवस्था का अनुभव कर सके और उसके लिए रो-धो सके। *—श्रीअरविंद के पत्र (चतुर्थ भाग), पृ. 547*

❊ ❊ ❊

निर्विकल्प समाधि

निर्विकल्प समाधि का ठीक-ठीक अर्थ है पूर्ण समाधि, जिसमें कोई विचार नहीं होता या चेतना की कोई गति नहीं होती अथवा न तो बाहरी न भीतरी वस्तुओं का कोई ज्ञान रहता है, सबकुछ खिंचकर विश्वातीत परात्पर में चला जाता है।

—श्रीअरविंद के पत्र (द्वितीय भाग), पृ. 239

❊ ❊ ❊

निवृत्ति

मन से सभी कर्मों की इच्छा और आसक्ति को निकाल, कोई कामना न रख, कर्म के स्रोत में जो कुछ मिल जाए उसी का भोग करना, सभी कर्म करना, देह की रक्षा करना—ऐसा आचरण ही भगवान् को प्रिय है और यही है श्रेष्ठ धर्म। यही है वास्तविक निवृत्ति।

—बँगला रचनाएँ, पृ. 162

❊ ❊ ❊

न्याय

न्याय की आलंकारिक तलवार भी तभी कार्य कर सकती है, जबकि विद्रोही और विपक्षी पर अपने कानून और दंड-विधान लागू करने के लिए उसके पीछे सचमुच ही तलवार होती है। और इस सशस्त्र शक्ति का प्रधान गुण है कि वह किसी की किसी व्यक्ति या समाज के किसी निर्मित समुदाय की नहीं होती, वह केवल राज्य की, राजा की या उस शासक-वर्ग या संस्था की होती है, जिसमें राजकीय सत्ता केंद्रीभूत है।

—मानव-एकता का आदर्श, पृ. 120

❊ ❊ ❊

पत्र

प्रत्येक पत्र का अर्थ है उस व्यक्ति के साथ एक प्रकार का आदान-प्रदान, जो उसे लिखता है, क्योंकि शब्दों के पीछे कोई चीज रहती है। उसके व्यक्तित्व का कुछ अंश अथवा पत्र लिखते समय उसने जिन शक्तियों को उत्पन्न किया या जो शक्तियाँ उसके चारों ओर थीं, उन सबका कुछ अंश होता है। हमारे विचार ओर भावनाएँ भी शक्ति हैं ओर दूसरों पर प्रभाव डाल सकती हैं। मनुष्य को इन शक्तियों की गतिविधि के विषय में सचेतन होना होता है और तभी वह अपनी मानसिक और प्राणिक रचनाओं को संयमित कर सकता तथा दूसरों को वैसी रचनाओं से प्रभावित होना बंद कर सकता है।

—श्रीअरविंद के पत्र (द्वितीय भाग), पृ. 334

❊ ❊ ❊

परतंत्रता

विदेशी यदि देश को अधिकृत कर अत्यंत दयालु और हितैषी भी बने रहें तो भी वे हमारे सिर पर परधर्म का बोझ लादे बिना नहीं छोड़ेंगे। उनका उद्देश्य चाहे भला हो या बुरा, उससे हमारा अहित होगा, हित नहीं।

—बँगला रचनाएँ, पृ. 183

❊ ❊ ❊

परिवर्तन

मनुष्य का मन अपने सामूहिक भाव में विचार के आमूल परिवर्तन के विरुद्ध होता है। परिवर्तन को यह अधिक आसानी से केवल तभी स्वीकार करता है, जब उसका मूल भाव या तो वस्तुओं के अभ्यस्त रूप में बने रहने से अथवा किसी रस्मी, वैधानिक, बौद्धिक या भावनात्मक कल्पना से आवृत्त हो।

—मानव-एकता का आदर्श, पृ. 49

❊ ❊ ❊

पवित्र मन

पवित्र मन का अर्थ है वह मन, जो अचंचल हो तथा निरर्थक या विघ्नकारी स्वभाव वाले विचारों से मुक्त हो।

—श्रीअरविंद के पत्र (द्वितीय भाग), पृ. 142

❊ ❊ ❊

पवित्रता

पवित्रता का अर्थ है गंदगी या मिलावट से मुक्त रहना। दिव्य पवित्रता वह चीज

है, जिसमें निम्नतर प्रकृति की गंदी अज्ञानपूर्ण क्रियाओं का कोई मिश्रण न हो। साधारणतया (सामान्य भाषा के अंदर) पवित्रता का अर्थ माना जाता है कामवासना के आवेग और प्रकोप से मुक्त रहना।

—श्रीअरविंद के पत्र (द्वितीय भाग), पृ. 141

* * *

पवित्रता या अपवित्रता चेतना पर निर्भर है; भागवत चेतना के अंदर सबकुछ पवित्र है; अज्ञान में सबकुछ अपवित्रता के अधीन है, केवल शरीर या शरीर का कोई भाग ही नहीं, बल्कि मन और प्राण और सबकुछ। केवल आत्मा और चैत्य पुरुष सर्वदा पवित्र बने रहते हैं।

—श्रीअरविंद के पत्र (द्वितीय भाग), पृ. 141

* * *

पश्चिमी आदर्श

हमें यह देखना तथा विवेचन करना होगा कि पश्चिम से क्या-क्या ग्रहण करना आवश्यक है और फिर यह सोचना होगा कि किस प्रकार हम उसे हजम कर अपनी भावना और आदर्शों के साथ समरस बना सकते हैं। परंतु हमें यह भी देखना होगा कि हमारे अंदर सहजात शक्ति के ऐसे कौन से स्रोत हैं, जिनसे हम पश्चिम से प्राप्त किसी भी वस्तु की अपेक्षा जीवन-शक्ति की अधिक गहरी, अधिक जीवंत और अधिक ताजी धाराएँ प्राप्त कर सकते हैं।

—भारतीय संस्कृति के आधार, पृ. 44

* * *

पुनर्जन्म और कर्म का सिद्धांत

पुनर्जन्म और कर्म का सिद्धांत तो हमें यह बताता है कि जीवन का एक अतीत जन्म एवं जीवन है, जिसने इसके वर्तमान जन्म एवं जीवन का गठन किया है; इसका एक भावी जन्म भी है, जिसे हमारा वर्तमान कर्म गठित कर रहा है।

—भारतीय संस्कृति के आधार, पृ. 91

* * *

पुरस्कार

प्रेम के कार्यों का एकमात्र सच्चा पुरस्कार है आत्मा के सर्वग्राही आलिंगन और विश्वानुराग के उल्लास के मिलने तक प्रेम के आनंद और सामर्थ्य में सदा वर्द्धित होते जाना, सम्यक् ज्ञान के कर्मों का एकमात्र पुरस्कार है अनंत ज्योति की ओर निरंतर वर्द्धित होते जाना; सम्यक् शक्ति के कर्मों का एकमात्र पुरस्कार है अहं से अधिकाधिक मुक्त

होकर उस निर्मल विशालता में पहुँचना, जहाँ सभी वस्तुएँ दिव्य समता में रूपांतरित और समन्वित हो जाती हैं। कोई और पुरस्कार खोजना मूर्खता और बाल्य अज्ञान के साथ बँध जाना है; और इन चीजों को भी पुरस्कार के रूप में देखना अपक्वता और अपूर्णता है।

—पुनर्जन्म और क्रम-विकास, पृ. 9

✻ ✻ ✻

पुराण

पुराण मूलतः एक सच्चा धार्मिक काव्य हैं अर्थात् वे धार्मिक सत्य के सौंदर्यात्मक निरूपण की कला हैं।

—भारतीय संसकृति के आधार, पृ. 375

✻ ✻ ✻

पुराण वेद और उपनिषद् के ज्ञान सर्वसाधारण को समझते हैं, उसकी व्याख्या करते हैं, सविस्तार आलोचना करते हैं, उसे जीवन के छोटे-मोटे क्रियाकलापों में लगाने की चेष्टा करते हैं, और इसीलिए वे हिंदू-धर्म के प्रमाण ग्रंथों में गिने जाते हैं। जो वेद और उपनिषद् को भूल पुराण को स्वतंत्र और यथेष्ट प्रमाण मानते हैं, वे भी भ्रांत हैं। इससे हिंदू-धर्म का अभ्रांत और अपौरुषेय मूल ही छूट जाता है और भ्रम तथा मिथ्या ज्ञान को प्रश्रय मिलता है। इससे वेद का अर्थ, साथ ही पुराण का प्रकृत अर्थ लुप्त हो जाता है। पुराण को वेद पर प्रतिष्ठित कर पुराण का उपयोग करना होगा।

—बँगला रचनाएँ, पृ. 64

✻ ✻ ✻

पूर्ण स्वराज

हमारा आदर्श है पूर्ण स्वराज अर्थात् विदेशी नियंत्रण से मुक्त पूर्ण स्वशासन। हम प्रत्येक राष्ट्र के इस अधिकार का दावा करते हैं कि वह अपना जीवन-यापन अपनी शक्तियों से अपनी प्रवृत्ति व आदर्शों के अनुसार करे। हम विदेशियों के इस अधिकार को ठुकराते हैं कि वे हमारी अपनी सभ्यता की अपेक्षा घटिया सभ्यता को हमारे ऊपर लाद दें अथवा हमारी पैतृक संपत्ति से हमें इस अयुक्तियुक्त आधार पर वंचित करें कि वह अधिक उपयुक्त है। सुदीर्घ पराधीनता के कारण अपनी राष्ट्रीय क्षमता व शक्ति में आ गए धब्बों और दोषों को स्वीकार करते हुए भी हमें बोध है कि वह क्षमता और शक्ति हममें पुनः संचरित हो रही है।

—महायोगी श्रीअरविंद, पृ. 19

✻ ✻ ✻

प्रकृति

जब प्रकृति के उद्‌देश्यों में बाधा डाली जाती है तो वह निश्चित रूप से केंद्र से अपनी शक्ति हटा लेती है और अंत में बाधा का अस्तित्व मिटाने के लिए अन्य बाह्य साधन जुटाकर उनका प्रयोग करती है।

—मानव-एकता का आदर्श, पृ. 10

* * *

प्रकृति का सदा से यह ढंग रहा है कि जब उसे सामंजस्य के दो तत्त्वों में अनुकूलता लानी होती है तो पहले तो वह उन्हें दीर्घकाल तक लगातार बनाए रखते हुए आगे बढ़ती है, जिसमें कभी वह पूरी तरह एक ओर झुक जाती है और कभी दूसरी ओर, और कभी दोनों के अत्यधिक आग्रहों को ठीक करने के लिए उनमें यथासंभव सफल और तात्कालिक सामंजस्य और मर्यादित करने वाला समझौता कर देती है।

—मानव-एकता का आदर्श, पृ. 12

* * *

प्रकृति सदा ही सब प्रकार की भूल-चूक के बीच से आगे बढ़ती है। और अंत में—अधिकतर मनुष्य की अपूर्ण बुद्धि की बाधा के होते हुए भी, न कि उसकी सहायता से अपने उद्‌देश्यों को पूरा करती है।

—मानव-एकता का आदर्श, पृ. 18

* * *

प्रकृति है शक्ति अथवा चित् शक्ति का बाह्य या कार्यकारी रूप, जिससे लोकों की रचना और उनका संचालन होता है। यह बाह्य रूप यहाँ यांत्रिक प्रतीत होता है, शक्तियों, गुणों आदि की क्रीड़ा प्रतीत होता है। उसके पीछे है भगवान् की जीवंत चेतना एवं शक्ति, दिव्य शक्ति।

—दिव्य जीवन, पृ. 368

* * *

भौतिक प्रकृतिरूपिणी देवी अपने साथ मनुष्य के व्यवहारों में जिस चीज से सरोकार रखती है, वह बस मनुष्य के प्रयास को अपनी ऊर्जाओं के प्रतिदान के न्यायपूर्ण नियम का पालन ही है। जहाँ कहीं भी मनुष्य के ज्ञान तथा इच्छा का प्रकृति की ऊर्जाओं की रेखाओं के साथ सामंजस्य हो सकता है, प्रकृति पर उसकी जो क्रिया होती है, उसी के अनुसार वह प्रतिदान देती है, जहाँ वह ज्ञान और इच्छा प्रकृति पर अपर्याप्त रूप से, अज्ञानपूर्वक, असावधानी से समूल किया करती है। प्रकृति उसके प्रयत्न को अभिभूत करती या चोट पहुँचाती है; मनुष्य जैसे अधिक इच्छा करता और आविष्कार करता है,

प्रकृति उसे अपनी शक्तियों की महत्तर उपयोगिता और फल के रूप में प्रतिदान देती है।

—पुनर्जन्म और कम-विकास, पृ. 136

* * *

प्रकृति वस्तु

प्रकृति की प्रत्येक वस्तु, चाहे सजीव हो या निर्जीव, चाहे वह मनतः आत्म-सचेतन हो या आत्म-सचेतन न हो, अपनी सत्ता और अपनी क्रियाओं में एक अंतर्निवासी दृष्टि और शक्ति के द्वारा शासित होती है। *—दिव्य जीवन, पृ. 160*

* * *

प्रगति

अपने आपको प्रकृति के बंधन में से धीरे-धीरे मुक्त करना ही मनुष्य-जाति की सच्ची प्रगति है। जड़ पत्थर या कुंदा प्राकृतिक नियमों की निष्क्रिय क्रीड़ा है, ईश्वर उनका स्वामी। मनुष्य इन दो चरम छोरों के बीच खड़ा है और एक से दूसरे की ओर ऊपर उठ रहा है। *—पुनर्जन्म और कम-विकास, पृ. 273*

* * *

जब तक भावनाएँ शरीर से निवृत्त नहीं हो जातीं और पर-प्रेम पाशविक आत्म-प्रेम का स्थान बढ़ते रूप में नहीं ले लेता, तब तक कोई ऊर्ध्वमुखी प्रगति नहीं हो सकती। *—पुनर्जन्म और कम-विकास, पृ. 279*

* * *

व्यक्ति को महान् प्रगति से ऐसी महत्तर प्रगति की ओर प्रेरित और प्रोत्साहित होना चाहिए, जिसके सामने पहली प्रगति कुछ भी न लगे।

—श्रीअरविंद के पत्र (चतुर्थ भाग), पृ. 730

* * *

प्रतिमा

हिंदू के लिए प्रतिमा अतिभौतिक सत्ता का एक भौतिक प्रतीक एवं आलंबन है। मनुष्य का देहबद्ध मन एवं इंद्रिय और वह अतिभौतिक बल, शक्ति या उपस्थिति, जिसकी वह पूजा करता है और जिसके साथ वह संपर्क स्थापित करना चाहता है, इन दोनों के मिलन के लिए मूर्ति एक आधार का काम करती है।

—भारतीय संस्कृति आधार, पृ. 112

* * *

प्रतीक

प्रतीक, मेरी समझ में एक स्तर का रूप है, जो दूसरे स्तर के किसी सत्य को दरशाता है। उदाहरणार्थ, झंडा राष्ट्र का प्रतीक है। किंतु साधारणतया, सभी रूप प्रतीक होते हैं। हमारा यह शरीर हमारी यथार्थ सत्ता का प्रतीक है, और प्रत्येक पदार्थ किसी उच्चतर सत्य का प्रतीक होता है। हाँ, प्रतीक बेशक विभिन्न प्रकार के होते हैं।

—श्रीअरविंद के पत्र (द्वितीय भाग), पृ. 447

* * *

प्रयास

जो लोग कोई प्रयास नहीं करते—प्रयास का अभाव अपने आप में एक कठिनाई है, वे प्रगति नहीं करते।

—श्रीअरविंद के पत्र (द्वितीय भाग), पृ. 89

* * *

प्रशंसा

मनुष्य को दूसरों से हर समय प्रशंसा की आशा नहीं करनी है, बल्कि जो सही और सुसंपादित है उसके लिए प्रशंसा और भूल-भ्रांतियों तथा गलतियों के लिए टीका-टिप्पणी की आशा करती है। जितनी ही अधिक आलोचनाओं को मनुष्य सह सकता और अपनी भूलें देख सकता है, उतनी ही अधिक उसके अपनी क्षमता की पूर्णता तक पहुँचने की संभावना हैं।

—श्रीअरविंद के पत्र (द्वितीय भाग), पृ. 204

* * *

प्रचीन शिक्षा

भारत में स्त्रियों और पुरुषों को जो शिक्षा दी जाती थी, वह आधुनिक युग से पहले की और किसी भी शिक्षा-प्रणाली से अधिक समृद्ध, व्यापक और बहुमुखी थी। जो लेख इन बातों को प्रमाणित करते हैं, वे आज सुलभ हैं और उन्हें जो चाहे पढ़ सकता है। अब समय आ गया है, जबकि वह तोता-रटन की भारतीय सभ्यता अपने स्वरूप से ही अव्यावहारिक, दार्शनिक निवृत्तिमार्गी और जीवन-विरोधी है, बंद हो जानी चाहिए और इसे अपना स्थान एक सच्चे और समझदारी के साथ किए मूल्यांकन को दे देना चाहिए।

—भारतीय संस्कृति के आधार, पृ. 88

* * *

प्राच्य और पाश्चात्य

प्राच्य और पाश्चात्य का एकीकरण है इस युग का धर्म। परंतु इस एकीकरण में यदि हम पाश्चात्य को आधार या मुख्य अंग बनाएँ तो हम भयानक भूल करेंगे। प्राच्य ही है आधार, प्राच्य ही है मुख्य अंग। बहिर्जगत् अंतर्जगत् पर प्रतिष्ठित है, अंतर्जगत् बहिर्जगत् पर प्रतिष्ठित नहीं।

—बँगला रचनाएँ, पृ. 205

* * *

प्राण

अधिकतर लोग प्राण में रहते हैं। इसका अर्थ यह है कि वे अपनी कामनाओं, संवेदनाओं, हृदयगत भावों, प्राणिक कल्पनाओं में रहते हैं और उसी दृष्टिकोण में से प्रत्येक चीज को देखते, अनुभव करते और उसका विचार करते हैं। प्राण ही सेवा में रहता है, उसका प्रभु नहीं होता। योग में भी बहुत से लोग उसी स्तर से साधना करते हैं, और उनका अनुभव प्राणिक दर्शनों, रचनाओं, सभी प्रकार अनुभवों से भरा होता है, परंतु उनसे कोई मानसिक सुस्पष्टता या सुव्यवस्था नहीं होती और न वे लोग मन में ऊपर ही उठते हैं।

—श्रीअरविंद के पत्र (चतुर्थ भाग), पृ. 236

* * *

प्रेम

अपने प्रेम को समस्त स्वार्थपूर्ण दावों और कामनाओं से मुक्त रखो; तुम देखोगे कि उसके उत्तर में तुम्हें वह सब प्रेम प्राप्त होने लगा है, जिसे तुम सहन और हजम कर सकते हो।

—श्रीअरविंद के पत्र (द्वितीय भाग), पृ. 255

* * *

कोई व्यक्ति अपने स्वभाव में दिव्य बन जाने पर ही दिव्यभाव के साथ प्रेम कर सकता है, दूसरा कोई पथ नहीं है।

—श्रीअरविंद के पत्र (द्वितीय भाग), पृ. 261

* * *

प्रेम अपने आप में पर्याप्त है, इसे अंधे की लाठी की आवश्यकता नहीं होती। इस विषय में वह श्रद्धा तथा दिव्य शक्ति के जैसा ही है।

—श्रीअरविंद के पत्र (द्वितीय भाग), पृ. 261

* * *

प्रेम उदासीन नहीं हो सकता, क्योंकि उदासीन प्रेम जैसा कोई भाव अस्तित्व ही नहीं रखता।

—श्रीअरविंद के पत्र (द्वितीय भाग), पृ. 253

* * *

यदि प्रेम अखंड और पूर्ण हो तथा उसके साथ कोई भी प्राणगत माँग कभी न जुड़ी हुई हो तो विद्रोह के झुकाव नहीं आ सकते।

—श्रीअरविंद के पत्र (द्वितीय भाग), पृ. 261

* * *

यदि भगवान् के लिए मनुष्य के प्रेम में प्राण भी सहयोग दें तो वह उस प्रेम में साहस, उत्साह, तीव्रता, पूर्णता, ऐकांतिकता, आत्मत्याग का भाव, समस्त प्रकृति का संपूर्ण और आवेगपूर्ण आत्मदान ले आता है। सच पूछा जाए तो भगवान् के प्रति प्राणिक आवेग ही आध्यात्मिक वीरों, विजेताओं या हुतात्माओं को उत्पन्न करता है।

—श्रीअरविंद के पत्र (द्वितीय भाग), पृ. 256

* * *

हमारे प्रेम को भी विस्तार या प्रतिदान के नाते दूसरों में प्रेम का उदय करना चाहिए।

—पुनर्जन्म और क्रम-विकास, पृ. 115

* * *

प्रेम-घृणा

प्रेम विस्तृत होती तरंगे फेंकता ही है और जगत् को ऊपर उठाने में सहायक होता है, जबकि घृणा का परिणाम विपरीत होता है।

—पुनर्जन्म और क्रम-विकास, पृ. 116

* * *

प्रेम-भक्ति

भक्ति का स्वभाव है उस सत्ता की आराधना, पूजा करना और उसके प्रति आत्मदान करना, जो हमसे महत्तर है। प्रेम का स्वभाव है सामीप्य या मिलन का अनुभव करना या उसके लिए प्रयत्न करना। आत्मदान दोनों का ही गुण है, ये दोनों ही योग में आवश्यक हैं और जब ये दोनों एक-दूसरे को सहारा देते हैं तो दोनों ही अपनी पूर्ण शक्ति को प्राप्त करते हैं।

—श्रीअरविंद के पत्र (द्वितीय भाग), पृ. 274

* * *

बल-प्रयोग

जो अशुभ और दुष्टता के प्रतिनिधि हैं, उन्हें यदि रौंदने और कुचलने के लिए खुला छोड़ दिया जाए तो वे अपने ऊपर इतनी बड़ी तबाही बुला लेंगे, जिसकी हम कल्पना भी नहीं कर सकते। अत: उन्हें रोकना और इसके लिए बल-प्रयोग करना भी दया का काम होगा।

—गीता-प्रबंध, पृ. 46

* * *

बाधा

बाधा किसी को सहज ही नहीं छोड़ती, खूब बड़े-बड़े योगियों को भी नहीं। मन की बाधा को अपेक्षाकृत आसानी से दूर किया जा सकता है, किंतु प्राण की बाधा, शरीर की बाधा उतनी आसानी से नहीं जाती, समय लगता है।

—बँगला रचनाएँ, पृ. 238

* * *

बाधा की बात मनुष्य जितना अधिक सोचता है, बाधा भी उस पर उतने ही अधिक जोर से टूटती है।

—बँगला रचनाएँ, पृ. 251

* * *

बाधा सबके सामने आती है। जो काम नहीं करते, उनके सामने भी प्रबल वेग से बाधा आती है।

—बँगला रचनाएँ, पृ. 237

* * *

बाधा सहज ही दूर नहीं होती, खूब बड़े साधक की भी। 'आज ही' एक मुहूर्त में सारी बाधा दूर नहीं हो जाती। मैंने यह भी बहुत बार कहा है कि शांत, अचंचल रहकर, माँ पर संपूर्ण भरोसा रखकर धीरे-धीरे आगे बढ़ना होता है, एक मुहूर्त में नहीं होता। आज ही सब हो जाना चाहिए, ऐसा दावा करने से और बाधाएँ आती हैं। धीर-स्थिर बने रहना चाहिए।

—बँगला रचनाएँ, पृ. 248

* * *

बुद्धि

इसका (बुद्धि) कार्य है, मन और इंद्रियों के प्रत्यक्ष बोधों के आधार पर तर्क

करना, निष्कर्ष निकालना और वस्तुओं का परस्पर तर्कसम्मत रूप से संबंध बिठाना। *—श्रीअरविंद के पत्र (चतुर्थ भाग), पृ. 175*

* * *

जब बुद्धि अपने को जीवन की एकच्छत्र शासिका समझकर उसके उपादानों पर क्रिया करने का दावा करती है तो वह स्वभावतः ही इस समाज के इस सच्चे स्वरूप को अपनी दृष्टि से कोसों दूर रखती है कि यह एक सजीव विकसनशील सत्ता है। वह इसके साथ ऐसे व्यवहार करती है मानो यह मशीन हो, जो इच्छानुसार चलाई जा सकती है और बुद्धि के मनमाने आदेशों के अनुसार कितने सारे निष्प्राण काठ या लोहे की तरह गढ़ी या ढाली जा सकती हो।

— भारतीय संस्कृति के आधार, पृ. 403

* * *

बुद्धि अध्ययन की मात्रा पर निर्भर नहीं करती, यह तो मन का गुण है। अध्ययन केवल उसे अपने काम करने के लिए सामग्री देता है जैसे कि जीवन भी। ऐसे भी लोग हैं, जिन्हें पढ़ना और लिखना नहीं आता, किंतु फिर भी उच्च शिक्षा प्राप्त लोगों से अधिक बुद्धिमान होते हैं और जीवन तथा अन्य वस्तुओं को उनसे अधिक अच्छी तरह समझते हैं। दूसरी ओर, एक अच्छी बुद्धि अध्ययन के द्वारा अपने को उन्नत कर सकती है, क्योंकि इस प्रकार उसे काम करने के लिए अधिक सामग्री मिलती है और अभ्यास के द्वारा एवं अपने विचार के लिए अधिक विस्तृत क्षेत्र प्राप्त होने के कारण विकसित होती है। किंतु पुस्तकीय ज्ञान अपने आप में कोई वास्तविक वस्तु नहीं है, इसका बुद्धि के सहायक के रूप में प्रयोग किया जाना चाहिए, परंतु यह प्रायः केवल मूर्खता और अज्ञान की ही सहायता करता है, अज्ञान की इसलिए कि यदि व्यक्ति तत्त्वों के सच्चे आशय न देख सके तो उनका ज्ञान एक निरर्थक वस्तु हो जाता है।

—श्रीअरविंद के पत्र (चतुर्थ भाग), पृ. 214-215

* * *

बुद्धि को ऊर्ध्वमुख और अंतर्मुख करना ही हमारा व्यवसाय होना चाहिए, अर्थात् निश्चयपूर्वक बुद्धि को स्थिर रूप से एकाग्र करके अध्यवसाय के साथ पुरुष के प्रशांत आत्मज्ञान में स्थित करना चाहिए।

—गीता-प्रबंध, पृ. 105

* * *

बुद्धि जब सत्य की अपेक्षा अपनी कृतियों को ही पसंद करने का निर्णय करती

है तो यह प्राण के समान ही एक महान् अंतराय बन सकती है।

—श्रीअरविंद के पत्र (चतुर्थ भाग), पृ. 174

✽ ✽ ✽

बुद्धि मन का एक भाग है और शेष मन के समान ही अर्द्धसत्य का एक उपकरण है।

—श्रीअरविंद के पत्र (चतुर्थ भाग), पृ. 174

✽ ✽ ✽

विकृतिजनक, संघर्षशील, रचनाशील, कार्यदक्ष, यंत्रीकरण बुद्धि एक जाति की जीवनी-शक्ति के सरल तत्त्वों को खो बैठती है, वह इसे इसके जीवन के गुप्त मूलों से विच्छिन्न कर देती है। इसका परिणाम होता है शासनतंत्र और सभा-संस्था, विधि-व्यवस्था और राज्य-प्रबंध पर अति निर्भरता तथा एक जीती-जागती जाति के बजाय यांत्रिक राज्य को विकसित करने की घातक प्रवृत्ति।

—भारतीय संस्कृति के आधार, पृ. 403

✽ ✽ ✽

बुराई

बुराई अकेले नहीं मरती, उसके साथ वे सब चीजें भी विनाश को प्राप्त होती हैं, जो उससे पलती हैं; चाहे हम हिंसा के सनसनीदार कर्म की पीड़ा से बच जाएँ, पर इससे नाश का परिणाम कुछ कम नहीं होता।

—गीता-प्रबंध, पृ. 46

✽ ✽ ✽

बुराई का प्रतिकार

हमारे अपने हाथ पाक और साफ रहें, हमारी आत्मा में कोई दाग न लगे, इतने से ही संसार से संघर्ष और विनाश का विधान मिट नहीं जाता; इसकी जो जड़ है उसे पहले मानव-जाति में से उखड़ जाना चाहिए। केवल हाथ-पर-हाथ धरके बैठे रहने से या जड़तावश बुराई का प्रतिकार करने की अनिच्छा या अक्षमता से यह विधान नष्ट नहीं होगा; वास्तव में संघर्ष करने की राजसिक वृत्ति से उतनी हानि नहीं होती, जितनी जड़ता और तमस से होती है, क्योंकि राजसिक संघर्ष जितना नाश करता है उससे अधिक सर्जन करता है।

—गीता-प्रबंध, पृ. 46

✽ ✽ ✽

बौद्ध और हिंदू-धर्म

बौद्ध और हिंदू-धर्मों में भेद यह है कि बौद्ध-धर्म के लिए मानव-अंतरात्मा कुछ भी नहीं, किंतु हिंदू-धर्म के लिए वह सबकुछ है। समूचे विश्व का अस्तित्व आत्मा में, आत्मा के लिए है। हम जो कुछ करते, सोचते और अनुभव करते हैं, आत्मा के लिए करते हैं। कृति आत्मा पर निर्भर है, उसकी सारी गतिविधि, क्रीड़ा, क्रियाकलाप आत्मा के लिए है।

—पुनर्जन्म और क्रम-विकास, पृ. 271

* * *

बौद्ध-धर्म

अनुचित वैराग्य की अधिकता और क्षत्रियों के स्वधर्म त्याग की प्रवृत्ति के कारण महान् और उदार बौद्ध-धर्म ने जहाँ देश का बहुत कुछ हित साधित किया, वहाँ अनिष्ट भी किया और अंत में भारत से बाहर भगा दिया गया। ऐसा दोष नवयुग के नवीन धर्म में नहीं आने देना चाहिए।

—बँगला रचनाएँ, पृ. 71

* * *

दुख और इसके कारणों से पराङ्मुख होकर निर्वाण की मोहक मुखछवि की ओर उन्मुख होना बौद्ध-धर्म है।

—श्रीअरविंद के पत्र (चतुर्थ भाग), पृ. 625

* * *

बौद्ध-धर्म केवल निर्वाण, शून्यता एवं लय का धूमिल उदात्तीकरण ही नहीं था, न वह कर्म की क्रूर निस्सारता ही था; इसने हमें मनुष्य के इहलौकिक जीवन के लिए एक महान् और शक्तिशाली साधना प्रदान की। समाज और आचारशास्त्र पर अनेक प्रकार से इसका जो बड़ा भारी भावात्मक प्रभाव पड़ा और कला एवं चिंतन को तथा कुछ कम मात्रा से साहित्य को इसने जो सृजन की प्रेरणा, वे इसकी प्रणाली की प्रबल जीवनी-शक्ति का पर्याप्त प्रमाण हैं।

—भारतीय संस्कृति के आधार, पृ. 217-218

* * *

ब्रह्म

ब्रह्म निर्विशेष, विश्वातीत और अव्यवहार्य है—ब्रह्म वह विश्वातीत सत है, जो विश्व का भर्त्ता है, ब्रह्म वह विश्वात्मा है, जो समस्त भूतों का आधार है, और ब्रह्म

प्रत्येक व्यक्ति की आत्मा भी है। अंतरात्मा अथवा चैत्य सत्ता ईश्वर का सनातन अंश है; उसकी परा प्रकृति या चित्तशक्ति ही जीवलोक में जीवभूत हो गई है। एकमात्र ब्रह्म ही है, और उसी के कारण सब हैं, क्योंकि सबके लिए सब ब्रह्म ही है।

—दिव्य जीवन, पृ. 34

* * *

ब्रह्मचर्य

ब्रह्मचर्य भक्तिमार्ग या कर्मयोग के लिए अनिवार्य नहीं है, किंतु यह वैरागी के ज्ञानयोग, राजयोग एवं हठयोग के लिए आवश्यक है। इसकी माँग गृहस्थ योगियों से भी नहीं की जाती। इस योग में स्थिति यह है कि मनुष्य को काम पर विजय प्राप्त करनी ही होगी अन्यथा निम्नतर प्राण और भौतिक प्रकृति का रूपांतर नहीं हो सकता।

—श्रीअरविंद के पत्र, पृ. 502

* * *

ब्रह्मचर्य से हम जितना अधिक तप, तेज, विद्युत् और ओज का भंडार बढ़ा सकते हैं, उतना ही हम स्वयं को शरीर, हृदय, मन और आत्मा के कार्यों के लिए चरम शक्ति से भर लेंगे।

—महायोगी श्रीअरविंद, पृ. 13

* * *

यदि वीर्य नष्ट न होने दिया जाए तो यह तेज और ओज में बदल जाता है। ब्रह्मचर्य के संपूर्ण सिद्धांत का आधार योगियों ने इसी पर रखा है। ऐसा न हो तो तेज और ओज पैदा करने के लिए ब्रह्मचर्य की कोई जरूरत नहीं होगी।

—श्रीअरविंद के पत्र (चतुर्थ भाग), पृ. 490

* * *

भक्ति

भक्ति कोई अनुभूति नहीं है, वह हृदय और अंतरात्मा की एक अवस्था है। यह वह अवस्था है, जो चैतन्य पुरुष के जाग्रत् और प्रमुख होने पर आती है।

—श्रीअरविंद के पत्र (द्वितीय भाग), पृ. 27

* * *

भक्ति हृदय की कोई एकांगी वृत्ति नहीं, बल्कि जीवन का सर्वांग समर्पण है।

—गीता-प्रबंध, पृ. 337

* * *

भगवती माता

पुरुषोत्तम के संपर्क में भगवती माता जगतों से ऊपर की परात्परा दिव्य चेतना और शक्ति, आद्या शक्ति है, वह परात्पर को अपने अंदर धारण करती हैं और अक्षर और क्षर के द्वारा भगवान् को विभिन्न जगतों में अभिव्यक्त करती हैं। अक्षर के संपर्क में वे वही पराशक्ति हैं, जो समस्त सृष्टि के पीछे अपने अंदर पुरुष को निष्क्रिय निश्चल रूप में धारण करती हैं और स्वयं भी उसके अंदर स्थिर निश्चल रहती है। क्षर के संपर्क में वे सचल विश्वशक्ति हैं, जो सभी सत्ताओं और शक्तियों को प्रकट करती हैं।

—श्री माताजी के विषय, पृ. 20

❋ ❋ ❋

भगवत्प्रेम

जब प्रेम भगवान् की ओर प्रवृत्त होता है, तब भी इसमें यह सामान्य मानवी तत्त्व वर्तमान रहता है। व्यक्ति बदले में कुछ चाहता है और यदि वह वस्तु मिलती प्रतीत नहीं होती तो प्रेम क्षीण होने लगता है, स्वार्थ भी होता है। मानव की अभिलाषाओं को पूरा करने वाले भगवान् की चाह भी होती है और यदि माँगें पूरी नहीं होतीं तो भगवान् के प्रति मान-अभिमान पैदा होता है, विश्वास जाता रहता है, उत्कंठा नष्ट हो जाती है आदि-आदि। परंतु भगवान् के प्रति सच्चा प्रेम अपने स्वभाव में ऐसा नहीं होता, बल्कि चैत्य एवं आध्यात्मिक होता है। *—श्रीअरविंद के पत्र (द्वितीय भाग), पृ. 257-258*

❋ ❋ ❋

भगवान्

भगवान् के तरीके मानव-मन के तरीकों जैसे नहीं हैं या हमारे आदर्शों के अनुरूप नहीं होते और उनके विषय में निर्णय करना या भगवान् के लिए वह निर्धारित करना कि उन्हें क्या करना या क्या नहीं करना चाहिए, असंभव है, क्योंकि हम जैसा जान सकते हैं, उससे कहीं अच्छा भगवान् जानते हैं। यदि हम जरा भी भगवान् को मानते हैं तो यथार्थ बुद्धि और भक्ति दोनों ही मुझे सुस्पष्ट श्रद्धा और समर्पण-भाव की माँग करने में एकमत प्रतीत होती है।

—श्रीअरविंद के पत्र (द्वितीय भाग), पृ. 93

❋ ❋ ❋

भगवान् वह है, जिससे सब उत्पन्न होते हैं, जिसमें सब निवास करते हैं और भगवान् के उस सत्य (स्वरूप) में लौटना ही अंतरात्मा का जीवन लक्ष्य है, जो इस

समय अज्ञान से आच्छादित है। अपने सर्वोच्च सत्य में भगवान् निरपेक्ष और असीम शांति, चेतना, शक्ति और आनंद हैं।

—श्रीअरविंद के पत्र (द्वितीय भाग), पृ. 571

* * *

भगवान् सर्वोच्च सत्य है, क्योंकि इस परम पुरुष से ही सब उत्पन्न हुए हैं और उसी में सब विद्यमान हैं।

—श्रीअरविंद के पत्र (द्वितीय भाग), पृ. 571

* * *

वास्तव में भगवान् ही प्रभु है। आत्मा तो निष्क्रिय होती है, वह बराबर ही सब वस्तुओं को सहारा देने वाला निश्चल-नीरव साक्षी होता है, वही स्थान अचल भाव भी है, एक सक्रिय भाव भी है, जिसके द्वारा भगवान् कार्य करते हैं। उसी के पीछे श्री माँ विद्यमान हैं। तुम्हें इस बात को आँख से ओझल नहीं होने देना चाहिए कि श्री माँ के द्वारा ही सब चीजें प्राप्त होती हैं।

—श्री माताजी के विषय, पृ. 24

* * *

भय

जिस चीज से मनुष्य डरता है, वह तब तक आते रहने की प्रवृत्ति रखती है, जब तक कि मनुष्य सीधे उसके सामने ताकने की और अपनी झिझक जीतने की क्षमता नहीं प्राप्त कर लेता। मनुष्य को अपना आधार भगवान् पर रखना सीखना चाहिए और भय को जीतना चाहिए।

—श्रीअरविंद के पत्र (चतुर्थ भाग), पृ. 24

* * *

भय काल्पनिक आतंक की सृष्टि करता है, यदि सच्चा खतरा हो भी तो भय कोई सहायता नहीं करता; वह बुद्धि को मेघाच्छन्न कर देता है, प्रत्युत्पन्न-मतित्व को छीन लेता है और करने योग्य उचित कार्य को करने से रोकत है।

—श्रीअरविंद के पत्र (चतुर्थ भाग), पृ. 376

* * *

भय प्राणिक जगत् की सृष्टि है, अज्ञान की एक सहज प्रवृत्ति है, खतरे का एक बोध है, जिसके साथ तीव्र प्राणिक प्रतिक्रिया जुड़ी होती है, जो वस्तुओं के ज्ञान का स्थान ले लेती है और सामान्यतया उसे आने से रोक देती है या उसे विकृत कर देती है।

इसे प्राय: विरोधी शक्तियों का आविष्कार माना जा सकता है।

—श्रीअरविंद के पत्र (चतुर्थ भाग), पृ. 377-378

* * *

यह समझना भूल है कि भय करने या दुखी होने से तुम उन्नति कर सकते हो। भय सदा ही एक ऐसा संवेग होता है, जिसका त्याग करना चाहिए, क्योंकि जिस चीज से तुम डरते हो, ठीक उसी चीज की तुम्हारे पास आने की संभावना रहती है। भय के विषय को ही भय आकर्षित करता है। अप्रसन्नता शक्ति को दुर्बल बनाती है और मनुष्य को अप्रसन्नता के कारणों की ओर और भी अधिक खोल देती है।

—श्रीअरविंद के पत्र (चतुर्थ भाग), पृ. 376

* * *

भविष्य

यह सदैव अधिक अच्छा होता है कि व्यक्ति अपना मुख भूतकाल की अपेक्षा भविष्य की ओर मोड़े रखे।

—श्रीअरविंद के पत्र (चतुर्थ भाग), पृ. 731

* * *

व्यक्ति को अपनी नजर हमेशा आगे, भविष्य की ओर लगाए रखनी चाहिए। पीछे की ओर मुड़कर देखना बहुत कम ही हितकर होता है, क्योंकि यह व्यक्ति को भूतकालीन चेतना की ओर फेर देता है।

—श्रीअरविंद के पत्र (चतुर्थ भाग), पृ. 730

* * *

व्यक्ति भूतकाल की ओर वापस नहीं लौट सकता, उसे हमेशा भविष्य की ओर जाना है।

—श्रीअरविंद के पत्र (चतुर्थ भाग), पृ. 731

* * *

भागवत सत्य

भागवत सत्य किसी भी मत-मजहब या पंथ या धर्म-पुस्तक या विचार या दर्शन से बढ़कर है, इसलिए तुम्हें इनमें से किसी के साथ अपने को बाँध नहीं लेना चाहिए।

—श्रीअरविंद के पत्र (चतुर्थ भाग), पृ. 217

* * *

भाग्य

भाग्य और कुछ नहीं, एक अटूट कार्यकारण संबंध है, जो विधि या विधान का

ही दूसरा नाम है और यह विधान आत्मा की तुष्टि के लिए प्रकृति के हाथ में यंत्र-मात्र है।

—पुनर्जन्म और क्रम-विकास, पृ. 271

* * *

भारत

केवल भारत ही, चाहे यहाँ ज्ञान और शक्ति का कितना भी क्षय या ह्रास क्यों न हो गया हो, आध्यात्मिक आदर्श के मूल स्वरूप के प्रति निष्ठावान बना हुआ है। केवल भारत ही अभी तक हठपूर्वक डटा हुआ है।

—भारतीय संस्कृति के आधार, पृ. 15

* * *

एशिया ने यूरोप पर जो भौतिक आक्रमण किए हैं, उनमें भारत ने अपने आध्यात्मिक उद्देश्य के प्रति सच्चा रहने के कारण कभी भाग नहीं लिया; उसका तरीका सदैव संसार के अपने विचारों की धारा से अंदर-ही-अंदर सींचने का रहा है। आज भी हम वैसे ही तरीके को पुनः प्रगति करते हुए देखते हैं।

—भारतीय संस्कृति के आधार, पृ. 7

* * *

भारत अपनी सीमाओं के परे आक्रमण के द्वारा सैनिक और राजनीतिक विस्तार करने के लिए कभी प्रेरित नहीं हुआ; भारतीय सफलता के इतिहास में विश्व-प्रभुत्व का कोई भी महान् काव्य, सुदूरव्यापी आक्रमण या विस्तारशील औपनिवेशिक साम्राज्य की कोई भी महान् कथा कभी नहीं लिखी गई। जिस विस्तार, आक्रमण और विजय के लिए उसने एकमात्र महत् प्रयास किया, वह था अपनी संस्कृति का विस्तार तथा बौद्ध विचार के द्वारा और अपनी आध्यात्मिकता, कला तथा विचार-शक्तियों के प्रवेश के द्वारा पूर्वीय जगत् पर आक्रमण एवं विजय। और यह युद्ध का नहीं बल्कि शांति का आक्रमण था, क्योंकि बलप्रयोग एवं भौतिक विजय के द्वारा, जो आधुनिक साम्राज्यवाद की मिथ्या बड़ाई या छल है, आध्यात्मिक सभ्यता का प्रयास करना, उसके मन और स्वभाव की प्राचीन गठन के तथा उसके धर्म के आधारभूत विचार के विपरीत होना।

—भारतीय संस्कृति के आधार, पृ. 433

* * *

भारत ने जीवन-यापन किया है और समृद्धि, समुज्ज्वल और महान् रूप में जीवन-यापन किया है, किंतु उसका जीवन-संबंधी संकल्प यूरोप से भिन्न रहा है।

उसकी जीवन-विषयक भावना और योजना उसे स्वभाव के अनुसार विशिष्ट प्रकार की मौलिक और अद्वितीय रही है। उसके मूल्यों को समझ सकना, किसी विदेशी लिए सुगम नहीं है। और अज्ञानी जन उसकी उच्चतम चीजों का सहज ही द्वेषपूर्ण मिथ्या निरूपण कर सकते हैं; इसका कारण ठीक यही है कि ये सामान्य एवं असंस्कृत एवं मन के लिए बेहद ऊँची हैं ओर इसकी सीमाओं से परे उड़ान लेने की प्रवृत्ति रखती हैं।

— भारतीय संस्कृति के आधार, पृ. 118

* * *

यदि किसी जाति और सभ्यता की महानता का मूल्य उसकी सैनिक आक्रमणकारिता, उसकी विदेश-विजय के मापदंड, अन्य राष्ट्रों के साथ युद्ध में उसकी सफलता तथा उसकी संगठित धन-लिप्सा और डकैती की प्रवृत्तियों की विजय, राज्य-विस्तार और शोषण के लिए उसके अदम्य आवेग के द्वारा आँका जाना हो तो यह स्वीकार करना पड़ेगा कि जगत् की महान् जातियों की सूची में भारत सबसे नीचे स्थान पाएगा।

— भारतीय संस्कृति के आधार, पृ. 433

* * *

भारत का लक्ष्य

भारत का सतत लक्ष्य रहा है उच्चतर आध्यात्मिक सत्य में जीवन के आधार का अन्वेषण करना और अंतरात्मा को आधार बनाकर वहाँ से बाहर के जीवन को चलाना; मन, प्राण और शरीर की वर्तमान जीवन-प्रणाली को लाँघकर बाह्य प्रकृति पर शासन करना तथा उसे आदेश-निर्देश देना।

— भारतीय संस्कृति के आधार, पृ. 26

* * *

भारतवासी

हम भारतवासी हैं आर्यजाति के वंशधर, आर्यशिक्षा और आर्यनीति के अधिकारी। यह आर्यभाव ही है हमारा कुलधर्म और राष्ट्रधर्म। ज्ञान, भक्ति और निष्काम कर्म हैं आर्य-शिक्षा के मूल; ज्ञान, उदारता, प्रेम, साहस, शक्ति विनय हैं आर्य-चरित्र के लक्षण; मानव-जाति को ज्ञान देना, जगत् में उन्नत उदार चरित्र का निष्कलंक आदर्श रखना, दुर्बल की रक्षा करना, प्रबल अत्याचारी को दंड देना है आर्य-जाति के जीवन का उद्देश्य है। इसी उद्देश्य की सिद्धि में है उसके धर्म की चरितार्थता। हम धर्म-भ्रष्ट, लक्ष्य-भ्रष्ट, धर्म-संकर होकर और भ्रांतिसंकुल तामसिक मोह में पड़कर आर्यशिक्षा और

आर्यनीति को खो बैठे हैं। हम आर्य होकर भी शूद्रत्व और शूद्रधर्मरूप दासत्व को अंगीकार कर जगत् में हेय, प्रबल पददलित और दुख-परंपरा से प्रपीड़ित हैं। *—बँगला रचनाएँ, पृ. 154*

* * *

भारतीय

हम साधारण जाति नहीं हैं। हम इतनी प्राचीन जाति हैं, जितनी प्राचीन हमारी पहाड़ियाँ और नदियाँ हैं और हमारे पीछे उनसे कई गुनी महानता का वह इतिहास है, जिससे बढ़कर इतिहास किसी जाति का नहीं है। हम उनके वंशज हैं, जिन्होंने तपस्या की थी और आध्यात्मिक लाभ के लिए अश्रुत तप किए थे और स्वेच्छा से मानव को सभी संभव कष्टों को स्वीकार किया था। हम उन माताओं की संतान हैं, जो जलती चिता पर हँसते हुए इसलिए चढ़ गई थीं कि परलोक में अपने पतियों का अनुगमन कर सकें। हम ऐसे लोग हैं, जो पीड़ा का स्वागत करते हैं और जिनके हृदय में आध्यात्मिक शक्ति है, जो किसी भी भौतिक बल से अधिक बड़ी है। हम ऐसी जाति हैं, जिसमें भगवान् ने हमारे इतिहास के अनेक महत्त्वपूर्ण क्षणों में दूसरी किसी भी जाति की अपेक्षा अधिक प्रकट किया है। *—महायोगी श्रीअरविंद, पृ. 30-31*

* * *

भारतीय आत्मा

जो कुछ भी हम करें या जिस किसी भी वस्तु का हम सृजन करें, वह सब भारत की शाश्वत आत्मा के साथ संगत होनी चाहिए, किंतु उसका ढाँचा ऐसा होना चाहिए कि वह एक महत्तर, सुसमंजस एवं छंदोबद्ध समन्वय के भीतर ठीक बैठ जाए तथा साथ ही एक अधिक उज्ज्वल भविष्य की पुकार के प्रति नमनीय भी हो।

—भारतीय संस्कृति के आधार, पृ. 47

* * *

भारतीय आदर्श

भारतीय विचार में सार्वभौम सर्वसमावेशी धर्म मनुष्य के विकसनशील मन और अंतरात्मा के लिए एक आदर्श पूर्णता का धर्म है। यह उसे कुछ ऐसे उच्च या व्यापक, सार्वभौम गुणों के ओज और तेज में विकसित होने के लिए बाध्य करता है, जो एक-दूसरे के साथ समस्वर होकर एक उच्चतम श्रेणी के मनुष्यत्व का निर्माण करते हैं। भारतीय विचार और जीवन में यह श्रेष्ठ मनुष्य का आदर्श था, आर्य या सज्जन पुरुष का धर्म था। अपने को पूर्ण बनाने वाले व्यक्ति, साधु के लिए निर्धारित अनुशासन था।

यह आदर्श कोरा नैतिक या सदाचार-संबंधी विचारमात्र नहीं था, भले ही यह तत्त्व उसमें प्रबल रहा हो; यह बौद्धिक, धार्मिक, सामाजिक और सौंदर्यबोधात्मक भी था। सर्वांग-संपन्न आदर्श, मानव का विकास समग्र मानव-प्रकृति का पूर्णत्व भी था। 'श्रेष्ठ' और 'आर्य' की जो भारतीय परिकल्पना है, उसमें विभिन्न गुणों का समावेश था। हृदय में हितैषिता, परोपकारिता, प्रीति, करुणा, परार्थ भावना, सहिष्णुता, उदारता, दयालुता, धीरता, चरित्र में साहस, शौर्य, तेज, स्वामिभक्ति, जितेंद्रियता, सत्य, सम्मान, न्याय, श्रद्धा, योग स्थान पर आज्ञापालन और आदर-सत्कार, साथ ही शासन और संचालन करने की शक्ति भी, एक सुंदर विनयशीलता और फिर भी प्रबल स्वातंत्र्य-भावना और उदात्त आत्माभिमान, मन में प्रज्ञा, मनीषा, विद्याप्रेम, समस्त श्रेष्ठतम विचारों का ज्ञान, काव्य, कला और सौंदर्य के प्रति उन्मुक्तता, कर्मों में शिक्षालब्ध योग्यता और कुशलता; आभ्यंतरिक सत्ता में तीव्र धार्मिक भावना, पुण्यशीलता, ईश्वरप्रेम, 'परम' की खोज, आध्यात्मिक झुकाव; सामाजिक संबंधों और आचार-व्यवहार में पिता, पुत्र, पति, भाई, संबंधी, मित्र, शासक या शासित, स्वामी या सेवक, पुरोहित या योद्धा, कर्मी, राजा या ऋषि, जाति या वर्ण के सदस्य के रूप में सब सामाजिक धर्मों का कठोर पालन। यह आर्य अर्थात् उच्च कुल और श्रेष्ठ प्रकृति वाले मनुष्य का समग्र आदर्श था।

—भारतीय संस्कृति के आधार, पृ. 131

* * *

भारतीय एकता

हिंदू-मुसलमान का विरोध होने पर भी अकबर भारत को एक करने में समर्थ हुआ था। यदि औरंगजेब निकृष्ट बुद्धि के वश न होता तो काल के माहात्म्य से, अभ्यास से, विदेशी आक्रमण के भय से इंग्लैंड के कैथोलिक और प्रोटेस्टेटों की तरह भारत में भी हिंदू और मुसलमान सदा के लिए एक हो जाते। औरंगजेब की बुद्धि के दोष से और कुछ आधुनिक कूटबुद्धि अंग्रेज राजनीतिज्ञों के उकसाने से वह विरोध प्रज्वलित हो अब बुझना ही नहीं चाहता।

—बँगला रचनाएँ, पृ. 181

* * *

भारतीय कला

भारतीय कला सदा देवालयों की ही वस्तु नहीं रही।

—भारतीय संस्कृति के आधार, पृ. 88

* * *

भारतीय जनतंत्र

यदि पश्चिमी परिभाषाओं का प्रयोग करना आवश्यक हो तो हम कह सकते हैं कि भारतीय शासन-प्रणाली में जनतंत्र का शक्तिशाली तत्त्व विद्यमान था, यहाँ तक कि ऐसी सभा-परिषदें भी थीं, जो पार्लियामेंट-पद्धति से कुछ साम्य प्रदर्शित करती हैं। परंतु वास्तव में ये विशेष तत्त्व भारत के अपने ही ढंग के थे; ये बिलकुल वैसी चीज नहीं थे जैसा कि आधुनिक पार्लियामेंट और आधुनिक जनतंत्र है; और इन्हें यदि इस प्रकार समझा जाए तो ये भारतवासियों की उस राजनीतिक क्षमता का कहीं अधिक अद्भुत प्रमाण उपस्थित करते हैं, जो उन्होंने इनको एक सजीव रूप में राष्ट्र के सामुदायिक मन और शरीर की समष्टि के अनुकूल बनाकर प्रदर्शित की थी, पर इन्हें पाश्चात्य समाज और उसके सांस्कृतिक विकास-क्रम की निजी आवश्यकताओं के एक अतिभिन्न मानदंड के द्वारा परखने पर तो हमें इनसे इतनी विलक्षण राजनीतिक क्षमता का परिचय नहीं मिलता।

— भारतीय संस्कृति के आधार, पृ. 387

* * *

भारतीय जीवन

भारतीय जाति के जीवन, संस्कृति और सामाजिक आदर्शों को नियंत्रित करने वाला प्रधान विचार यह रहा है कि मनुष्य को अपनी सच्ची आत्मा की खोज करनी चाहिए और इस आत्मोपलब्धि के लिए तथा अज्ञानमय प्राकृतिक स्थिति से आध्यात्मिक अवस्था की ओर आरोहण के लिए उसे अपने जीवन को एक ढाँचे और साधन के रूप में प्रयुक्त करना चाहिए।

— भारतीय संस्कृति के आधार, पृ. 400

* * *

भारतीय धर्म

भारतीय धर्म और आध्यात्मिक संस्कृति की भावना अपनी तेजस्विता के सुदीर्घ काल में अचल-अटल रूप से एक समान ही रही है, पर इसका बाह्य रूप अद्भुत परिवर्तनों में से गुजरा है। फिर भी यदि हम ठीक केंद्र से इन परिवर्तनों के भीतर दृष्टि डालें तो यह प्रत्यक्ष हो जाएगा कि ये एक युक्तिसंगत एवं अवश्यंभावी विकास के परिणाम हैं, जो ऊँचाइयों की ओर जाने वाले मनुष्य के विकास की प्रक्रिया में अंतर्निहित हैं।

— भारतीय संस्कृति के आधार, पृ. 172

* * *

भारतीय धर्म का निरूपण पश्चिमी बुद्धि की जानी हुई परिभाषाओं में से किसी के भी द्वारा नहीं किया जा सकता। अपने समग्र रूप में यह समस्त आध्यात्मिक पूजा और अनुभूति का स्वतंत्र एवं सहिष्णु समन्वय रहा है। एकमेव सत्य को उसके अनेक पार्श्वों से देखते हुए इसने किसी भी पार्श्व के लिए अपने द्वार बंद नहीं किए। इसने न तो अपने को कोई विशेष नाम दिया और न अपने को किसी सीमाकारी पार्थक्य से आबद्ध ही किया। अपने अंगभूत मतों और विभागों के लिए पृथक् नामों को स्वीकार करता हुआ वह स्वयं अपनी चिरंतन जिज्ञासा के विषय ब्रह्म की नाईं नाम-रूप-रहित, विश्वव्यापी और अनंत ही बना रहा।

—भारतीय संस्कृति के आधार, पृ. 165

* * *

हमारा धर्म अत्यंत विशाल और नाना शाखा-प्रशाखाओं से सुशोभित है। उसका मूल है गंभीरतम ज्ञान पर आरूढ़ और शाखाएँ कर्म के सुदूर प्रांतों तक फैली हुई। जिस तरह गीता का अश्वत्थ वृक्ष है 'ऊर्ध्वमूलः' और 'अधःशाखः' उसी तरह यह धर्म है ज्ञानप्रतिष्ठित और कर्मप्रेरक। निवृत्ति है उसकी नींव, प्रवृत्ति है उसका घर, छत और दीवाल तथा मुक्ति है उसका शिखर। मानव-जाति का सारा जीवन इस हिंदू-धर्म के विशाल वृक्ष पर आश्रित है। *—बँगला रचनाएँ, पृ. 48*

* * *

भारतीय राजा

भारतीय राजा प्रशासनिक और न्याय-संबंधी कार्यों में सर्वोपरि शक्ति रखता था, राज्य की समस्त सामरिक शक्तियाँ उसी के हाथ में होती थीं और अपने मंत्रिपरिषद् के साथ अकेला वही शांति और युद्ध के लिए उत्तरदायी होता था और समाज के जीवन की सुव्यवस्था और सुख-सुविधा का सामान्य निरीक्षण और नियंत्रण भी वही करता था। परंतु उसकी यह शक्ति व्यक्तिगत नहीं होती थी, साथ ही इसे कई एक संरक्षणों से परिवेष्टित रखा जाता था, ताकि राजा इसका दुरुपयोग न कर सके और न बलपूर्वक इस पर अपना अधिकार ही जमा सके।

—भारतीय संस्कृति के आधार, पृ. 392-393

* * *

भारतीय शासन-तंत्र

धार्मिक कार्यों में सर्वसाधारण को सुनिश्चित स्वाधीनता प्राप्त थी तथा कोई भी लौकिक सत्ता सामान्यतया उसका अतिक्रमण नहीं कर सकती थी; प्रत्येक धार्मिक

समाज, प्रत्येक नया या पुरातन धर्म अपनी निजी जीवन-प्रणाली तथा संस्थाओं का निर्माण कर सकता था और उसके धर्माधिकारी या व्यवस्थापक-संघ होते थे, जो अपने निजी क्षेत्र में पूर्ण स्वतंत्रता का प्रयोग करते थे। राज्य का कोई एक ही धर्म नहीं होता था और न राजा, जनता का धर्माध्यक्ष ही होता था।

—भारतीय संस्कृति के आधार, पृ. 394

* * *

भारतीय शासनतंत्र का सच्चा स्वरूप हमारी समझ में केवल तभी आ सकता है, यदि हम इसे एक पृथक् वस्तु के रूप में अर्थात् अपनी जाति के चिंतन और जीवन के अन्य अंगों से स्वतंत्र अस्तित्व रखने वाले एक यंत्र के रूप में न देख अपनी सामाजिक सत्ता-रूपी सजीव समष्टि के एक अंग के रूप में तथा उसके संबंध में इस पर दृष्टिपात करें।

—भारतीय संस्कृति के आधार, पृ. 399

* * *

वस्तुतः भारतीय शासन-प्रणाली एक अत्यंत जटिल सामुदायिक स्वाधीनता और आत्म-निर्णय की प्रणाली थी।

—भारतीय संस्कृति के आधार, पृ. 409

* * *

भारतीय संस्कृति

भारत को अपनी रक्षा करनी होगी और इसके लिए उसे अपने सांस्कृतिक विधि-विधानों का इस प्रकार नया निर्माण करना होगा कि वे उसके प्राचीन आदर्श को अधिक तेजस्वी, अधिक घनिष्ठ एवं पूर्ण रूप में प्रकट करें। फिर उसे अपने आक्रमण के द्वारा इस प्रकार उन्मुक्त ज्योति की लहरों के आत्मप्रसारी विजयी चक्करों के रूप में उस समस्त जगत् के ऊपर फैला देना चाहिए, जिसे एक बार उसने सुदूर युगों में अधिकृत किया था या कम-से-कम प्रकाश प्रदान किया था।

— भारतीय संस्कृति के आधार, पृ. 17

* * *

भारतीय संस्कृति आरंभ से ही एक आध्यात्मिक एवं अंतर्मुख धार्मिक-दार्शनिक संस्कृति रही है और बराबर ऐसी ही चली आई है। उसमें और जो कुछ भी है वह सब इस एक प्रधान और मौलिक विशेषता से ही उद्‌भूत हुआ है अथवा यह किसी-न-किसी

प्रकार इस पर आश्रित या इसके अधीन ही रहा है, यहाँ तक कि बाह्य जीवन को भी आत्मा की आभ्यंतरिक दृष्टि के ही अधीन रखा गया है।

— भारतीय संस्कृति के आधार, पृ. 67

* * *

भारतीय संस्कृति यह मानती है कि आत्मा ही हमारी सत्ता का सत्य है और हमारा जीवन आत्मा की एक अभिवृद्धि और विकास है। वह सनातन, अनंत, परम एवं सर्व को देखती है, वह इसे सबकुछ के निगूढ़ सर्वोच्च आत्मा के रूप में देखती है, वह इस सर्वोच्च आत्मा को ही ईश्वर, शाश्वत, सद्वस्तु के नाम से पुकारती है और मनुष्य को वह प्रकृतिगत परमात्मा की इस सत्ता को अंशभूत आत्मा एवं शक्ति के रूप में देखती है।

— भारतीय संस्कृति के आधार, पृ. 189

* * *

भारतीय सभ्यता

जो जाति और सभ्यता अपनी महान् कृतियों और अपने महान् साहित्यों में वेद और उपनिषदों को, महाभारत और रामायण की शक्तिशाली रचनाओं को और कालिदास, भवभूति, भर्तृहरि एवं जयदेव को गिनती है और साथ ही उच्चकोटि के भारतीय नाटक, काव्य और रूमानी उपन्यास की अन्य समृद्ध रचनाओं, धम्मपद और जातकों को, पंचतंत्र को, तुलसीदास को, विद्यापति, चंडीदास और रामप्रसाद को, रामदास और तुकाराम को, तिरुवल्लुवर और कंबन को तथा नानक, कबीर और मीराबाई एवं दक्षिण के शैव संतों और आलवारों के गानों को भी गिनती है, उस जाति और उस सभ्यता को निश्चय ही सबसे महान् सभ्यताओं में और संसार की अत्यंत विकसित एवं सर्जनशील जातियों में गिनना होगा।

— भारतीय संस्कृति के आधार, पृ. 307

* * *

भारत की प्राचीन सभ्यता ने अपना आधार अत्यंत स्पष्ट रूप में चार मानवीय पुरुषार्थों पर रखा था; उनमें से पहला था, कामना और उपयोग, दूसरा मन और शरीर के भौतिक, आर्थिक तथा अन्य उद्देश्य एवं आवश्यकताएँ, तीसरा वैयक्तिक और सामाजिक जीवन का नैतिक आचार-व्यवहार एवं यथार्थ धर्म, और अंतिम, आध्यात्मिक मुक्ति, काम, अर्थ, धर्म, मोक्ष।

— भारतीय संस्कृति के आधार, पृ. 87

* * *

भारत में कोई सभ्यता थी या नहीं अथवा है या नहीं, यह प्रश्न अब विवादास्पद नहीं है, क्योंकि जिन लोगों के मत का कुछ मूल्य है, वे सभी यह स्वीकार करते हैं कि यहाँ एक विशिष्ट एवं महान् सभ्यता विद्यमान थी, जो अपने स्वरूप में अद्वितीय थी।

—भारतीय संस्कृति के आधार, पृ. 3

❋ ❋ ❋

भारतीय सभ्यता एक ऐसी संस्कृति का बाह्य रूप एवं अभिव्यक्ति रही है, जो मानव-जाति की किसी भी ऐतिहासिक सभ्यता के समान ही महान् है। वह धर्म में महान्, दर्शन, विज्ञान में और अनेक प्रकार के चिंतन में महान् रही है। साहित्य-कला और काव्य में महान् रही है, समाज और राजनीति के संगठन में महान् रही है, शिल्प और व्यापार व्यवसाय में महान् रही है।

—भारतीय संस्कृति के आधार, पृ. 33

❋ ❋ ❋

मनुष्य की बौद्धिक, क्रियाशील और संकल्पनात्मक नैतिक, सौंदर्यात्मक, सामाजिक तथा आर्थिक सत्ता को पूर्ण रूप से विकसित करना भारतीय सभ्यता का एक आवश्यक अंग था, यदि और किसी चीज के लिए नहीं, कम-से-कम आध्यात्मिक पूर्णता और स्वतंत्रता के एक अनिवार्य आरंभिक साधन के रूप में तो आवश्यक था ही। चिंतन, कला, साहित्य और समाज में भारत की सर्वश्रेष्ठ प्राप्तियाँ उसकी धर्म-प्रधान दार्शनिक संस्कृति का युक्तिसंगत परिणाम थीं।

—भारतीय संस्कृति के आधार, पृ. 219-220

❋ ❋ ❋

यदि किसी सभ्यता के गुण-दोष की परीक्षा उसके विचारों की शक्ति के द्वारा तथा इन महान् उपयोगों के लिए उन विचारों की क्षमता के द्वारा करनी हो तो भारतीय सभ्यता किसी से भी हीन नहीं थी।

—भारतीय संस्कृति के आधार, पृ. 134

❋ ❋ ❋

यह ठीक है कि हमारी सभ्यता के बहुत से विधि-विधान अब अनुपयोगी और जर्जरित हो गए हैं और कुछ दूसरे विधि-विधानों को जड़-मूल से बदलने और नया करने की जरूरत है; परंतु यह बात तो यूरोपीय संस्कृति के बारे में भी समान रूप से कही जा सकती है। सब त्रुटियों के रहते और पतन के होते हुए भी भारतीय संस्कृति

का मूल भाव, उसके केंद्रीय विचार, उसके श्रेष्ठ आदर्श, आज भी केवल भारत के लिए ही नहीं, अपितु समस्त मानव-जाति के लिए संदेश लिये हुए हैं।

— भारतीय संस्कृति के आधार, पृ. 34

* * *

हमारी सभ्यता की भाव-भावनाओं और आदर्शों को किसी प्रकार के समर्थन की आवश्यकता नहीं, क्योंकि अपने सर्वोत्कृष्ट अंशों में एवं अपने सारतत्त्व में वे शाश्वत महत्त्व की ही वस्तु थे। भारत ने उनकी आभ्यंतरिक एवं व्यक्तिगत खोज की, वह सच्ची, शक्तिशाली और फलोत्पादक थी।

— भारतीय संस्कृति के आधार, पृ. 47-48

* * *

भारतीय साहित्य

भारत की दार्शनिक कृतियाँ यूरोप के विशालकाय तत्त्वचिंतन से इस बात में भिन्न हैं कि जब वे बौद्धिक रूप प्रणाली को अधिक-से-अधिक अपनाती हैं, तब भी वास्तविक सारतत्त्व बौद्धिक नहीं होता, वरंच वह दर्शन और आध्यात्मिक अनुभूति की सामग्री पर क्रिया करनेवाली एक सूक्ष्म तथा अत्यंत गंभीर प्रज्ञा का फल होता है। इसका मूल कारण यह है कि भारत ने दर्शन, धर्म और योग में बराबर ही अटूट ऐक्य बनाए रखा है। भारतीय दर्शन उस समय का अंतःज्ञानात्मक तथा बौद्धिक निरूपण है, जिसे कि सर्वप्रथम धार्मिक मन तथा उसके अनुभवों के द्वारा खोजा गया था।

— भारतीय संस्कृति के आधार, पृ. 370

* * *

संपूर्ण भारतीय साहित्य प्रायः एक महाद्वीपीय प्रभाव रखता है और अपनी वस्तुतः स्थायी रचनाओं के परिणाम में प्राचीन, मध्ययुगीन और आधुनिक यूरोप की कृतियों से आज तक भी कम नहीं है तथा अपनी परमोत्कृष्ट रचनाओं में उसकी बराबरी भी करता है।

— भारतीय संस्कृति के आधार, पृ. 307

* * *

भारवि व माघ

भारवि में गंभीर काव्यात्मक चिंतन तथा वर्णन की महाकाव्योचित उदारता के अत्युत्कृष्ट गुण हैं और माघ में ऐसे नैसर्गिक काव्योचित गुण हैं, जिनसे उन्हें साहित्य

में अधिक गण्यमान्य पद उपलब्ध हो सकता था, यदि पांडित्य-प्रदर्शन उनके कवित्व में व्याघात न पहुँचाता।

—भारतीय संस्कृति के आधार, पृ. 361

❋ ❋ ❋

भाव-प्रकाशन

भाव-प्रकाशन की शक्ति उस आंतर उद्‌गम के स्पर्श में आने से होती है, जिसमें से ये चीजें उत्पन्न होती हैं। इस शक्ति के मुक्त प्रवाह के लिए स्थिर, शांत और नीरव मन बहुत अधिक सहायक होता है, प्र यह अनिवार्य नहीं है, न यह स्वयं इसे लाता ही है।

—श्रीअरविंद के पत्र (चतुर्थ भाग) पृ. 222

❋ ❋ ❋

भाषा

किसी राष्ट्र अथवा मानवी समुदाय की आत्मा के लिए यह अत्यधिक महत्त्वपूर्ण है कि वह अपनी भाषा की रक्षा करे और उसे एक सशक्त और सजीव सांस्कृतिक यंत्र बना ले। जो राष्ट्र, जाति अथवा जनसमुदाय अपनी भाषा खो देता है, वह अपना संपूर्ण अथवा सच्चा जीवन नहीं बिता सकता। *—मानव-एकता का आदर्श, पृ. 257*

❋ ❋ ❋

भाषा, उन लोगों को जो उसे बोलते हैं, बुद्धिशील विचार, गठित स्वभाव और परिपक्व होती हुई भावना की वृहत् एकता में लाने में सहायक होती है। वह एक ऐसा बौद्धिक, सौंदर्यात्मक तथा अभिव्यंजक बंधन है, जो जहाँ विभाजन होता है वहाँ उसकी शक्ति बढ़ाता है और जहाँ एकता प्राप्त हो चुकी है, वहाँ उसे बल प्रदान करता है। विशेषकर यह राष्ट्रीय अथवा जातीय एकता को स्व-चेतना प्रदान करता है तथा एक सामान्य आत्म-अभिव्यक्ति एवं उपलब्धि के एक सामान्य इतिहास के बंधन को उत्पन्न करता है। *—मानव-एकता का आदर्श, पृ. 256*

❋ ❋ ❋

भाषा का राष्ट्र के जीवन में इतना अधिक महत्त्व है तथा सामान्य रूप से मनुष्य-जाति के लिए यह इतने अधिक लाभ की वस्तु है कि इसकी समुदाय आत्माओं को अभिव्यक्ति के अपने स्वाभाविक साधन की एक शक्तिशाली सामूहिक व्यक्तित्व के द्वारा रक्षा करनी चाहिए तथा उसका विकास और प्रयोग करना चाहिए।

—मानव-एकता का आदर्श, पृ. 260

❋ ❋ ❋

भाषा जाति के सांस्कृतिक जीवन का चिह्न है, उसकी उस विचारगत और मनोगत आत्मा का संकेत है, जो उसके पीछे होती है तथा उसकी कर्मगत आत्मा को समृद्ध बनाती है।

—मानव-एकता का आदर्श, पृ. 261

* * *

भूल

कभी-कभी अपनी त्रुटियों को खूब स्पष्ट रूप में देखना लाभदायक भी होता है। अथवा और कुछ नहीं तो कम-से-कम विरोधी दृष्टिकोणों का मूल्यांकन करना सीख सकते हैं और विरोध के मूल कारण तक पहुँच सकते हैं।

—भारतीय संस्कृति के आधार, पृ. 56

* * *

निस्संदेह, व्यक्ति को गलती दूर करने के लिए उसे करना या एक बार करने पर उसे अपना लेना नहीं चाहिए, किंतु उस गलती से लाभ उठाना चाहिए, ताकि वह अपने को बदल सके।

—श्रीअरविंद के पत्र (चतुर्थ भाग), पृ. 678

* * *

भोजन

बहुत अधिक खाना शरीर को भारी और स्थूल बना देता है, बहुत थोड़ा खाना उसे दुर्बल और संक्षोभ्य बना देता है। मनुष्य को शारीरिक आवश्यकता और भोजन की मात्रा के बीच सच्ची समस्वरता और संतुलन प्राप्त करना होगा।

—श्रीअरविंद के पत्र (चतुर्थ भाग), पृ. 432

* * *

मंत्र

मंत्र हमारे उस संकल्प तथा ज्ञान की पावन देह है, जो हमारे यज्ञ के उपास्य देवों की ओर ऊपर उठे होते हैं।

—गीता-प्रबंध, पृ. 509

* * *

मधुरता

मधुरता और सुंदर भावना को बढ़ने दो, क्योंकि वे इस बात के अत्यंत प्रबल लक्षण हैं कि अंतरात्मा, चैत्य पुरुष जाग्रत् है तथा हमारे साथ उसका संपर्क बना हुआ है। अपने विचार या वाणी या कार्य की भूलों से विचलित मत होओ, उन्हें अपने से दूर रखो मानो

वे ऊपरी चीजें हों, जिन पर दिव्य शक्ति और ज्योति कार्य करेगी तथा जिन्हें दूर करेगी। बस, एक ही केंद्रीय वस्तु का ध्यान रखो—अपनी अंतरात्मा का तथा उन उच्चतर सत्य वस्तुओं का, जिन्हें वह अपने साथ लाता है।

—श्रीअरविंद के पत्र (चतुर्थ भाग), पृ. 31

* * *

मन

अधिकतर ज्ञानहीन लोगों का रुझान अपने मन के आग्रह की ओर होता है, उनके अपने खयाल होते हैं और वे उन्हें बदलना नहीं चाहते या उनकी पकड़ को ढीला नहीं करना चाहते।

—श्रीअरविंद के पत्र (चतुर्थ भाग), पृ. 176

* * *

आलोकहीन मन भी सत्य के प्रति समर्पण करता है पर अपनी निजी शर्तों पर। वह सत्य-रूप भगवान् से कहता है, 'मेरे निर्णय और मेरी राय को संतुष्ट कीजिए।' वह सत्य से यह माँग करता है कि वह अपने को इसके (मन के) अपने आकारों में ढाल दे।

—श्रीअरविंद के पत्र (चतुर्थ भाग), पृ. 15

* * *

मन के अंदर केवल विचारशक्ति ही नहीं, किंतु संकल्प भी होता है।

—श्रीअरविंद के पत्र (चतुर्थ भाग), पृ. 720

* * *

मन के अंदर हमेशा ही एक खास जल्दबाजी होती है, जिससे वह अपने सामने प्रस्तुत वस्तु को जल्दी से सर्वोच्च सत्य के रूप में पकड़ लेना चाहता है। इससे बचा नहीं जा सकता, किंतु व्यक्ति मन में जितना अधिक शांत होगा, उसका मन वस्तुओं को उतना ही कम विकृत करेगा।

—श्रीअरविंद के पत्र (चतुर्थ भाग), पृ. 183-184

* * *

मन जैसा हम उसे जानते हैं, एक प्रतिबिंबकारी दर्पण है, जो ऐसे पूर्व-विद्यमान सत्य या तथ्य के प्रतिरूपों या मूर्तियों को ग्रहण करता है जो या तो उससे बाहर या कम-से-कम उससे विशालतर हों। जो प्रपंच विद्यमान है या हो चुका, उसे वह क्षण-प्रतिक्षण अपने सामने प्रत्युपस्थित करता है।

—दिव्य जीवन, पृ. 139

* * *

मन दिव्य चेतना की एक विशेष क्रिया है, या सारी सर्जक क्रिया की अंतिम जड़ है। मन के कारण पुरुष अपने विभिन्न रूपों और शक्तियों के संबंधों को परस्पर एक-दूसरे के प्रति अलग-अलग धारण कर पाता है।

—दिव्य जीवन, पृ. 203

❊ ❊ ❊

मन वस्तुओं को उसे रूप में अंकित नहीं करता, जैसी वे हैं बल्कि उस रूप में जैसी कि उसे प्रतीत होती हैं। यह कुछ अंशों को पकड़ता है, अन्यों को छोड़ देता है; बाद में स्मृति और कल्पना दोनों मिलकर उस वस्तु का बिलकुल भिन्न ढंग का निरूपण करते हैं। *—श्रीअरविंद के पत्र (चतुर्थ भाग), पृ. 176*

❊ ❊ ❊

मनुष्य में सबसे ऊँची शक्ति है मन। परंतु मनुष्य का यह मन अज्ञानमयी तमोग्रस्त और प्रयत्नसंघर्षरत शक्ति है; और अधिकतम ज्योतिर्मयता की अवस्था में भी उसे केवल एक क्षीण, प्रतिबिंबित और धूमिल ज्योति ही प्राप्त होती है।

—पुनर्जन्म और क्रम-विकास, पृ. 282

❊ ❊ ❊

विशाल जन-समुदाय का सामान्य औसत मन उन्हीं विचारों को सुनने के लिए तैयार होता है, जिन्हें ग्रहण करने की उसे शिक्षा मिल चुकी है, वह कभी इस विचार को और कभी उस विचार को एकपक्षीय आग्रह के साथ पकड़ने का आदी होता है, फिर भी वह अपने कार्य में जितना अपने हितों, आवेशों और पक्षपातों द्वारा संचालित होता है, उतना अपने विचारों द्वारा नहीं।

—मानव-एकता का आदर्श, पृ. 114

❊ ❊ ❊

हमारा मन संपूर्ण सत्य को सहज में तथा एक ही सर्वग्राही प्रयत्न के द्वारा नहीं प्राप्त कर लेता, दुःसाध्य खोज ही इसकी प्राप्ति की शर्त है। मन सत्य के विभिन्न पहलुओं को एक-दूसरे के विरोध में खड़ा करता है, प्रत्येक पहलू का उसकी चरम संभावना तक अनुशीलन करता है, यहाँ तक कि कुछ समय के लिए उसके साथ एक अनन्य सत्य के रूप में बरताव करता है, अधूरे समझौते करता है, नाना प्रकार के समायोजनों और अंधान्वेषणों के द्वारा सच्चे संबंधों के अधिक निकट पहुँचता है।

—भारतीय संस्कृति के आधार, पृ. 218

❊ ❊ ❊

मनुष्य

पूर्णताप्राप्त मनुष्य, सिद्ध कहिए या बुद्ध, विश्वमय हो जाता है, वह सहानुभूति और एकता के भाव में भूतमात्र का आलिंगन करता है, अपनी ही तरह दूसरों में भी अपने आपको अनुभव करता है और साथ ही, ऐसा करके वह विश्वशक्ति की अनंत सामर्थ्य का कुछ अंश अपने अंदर आहरण कर लेता है, यही भारतीय संस्कृति का भावात्मक आदर्श है।

—*भारतीय संस्कृति के आधार, पृ. 235*

* * *

मनुष्य अपनी अंतरतम आत्मा में एक अनंत सत्ता है, अपने मन और प्राण में भी, वह चाहे कितने स्खलनों और दीर्घ पतनों के भीतर से क्यों न गुजर रहा हो, वह निरंतर विकसित हो रहा है, और वह विचारों की किसी एक ही प्रणाली या जीवन के किसी एक ही ढाँचे में सदा के लिए बँधा नहीं रह सकता।

—*भारतीय संस्कृति के आधार, पृ. 134*

* * *

मनुष्य अपनी उच्चतम व्यवस्था में एक ऐसा अर्ध-देवता है, जो पशु-प्रकृति से ऊपर उठ चुका है तथा इस बात में अत्यधिक असामान्य है, किंतु जो चीज अर्थात् संपूर्ण देवता बनाना उसने आरंभ कर दिया है, वह जो कुछ मनुष्य वस्तुतः है, उससे इतनी अधिक बड़ी चीज है कि वह उसे अपनी तुलना में उतनी ही असामान्य प्रतीत होती है, जितना कि वह स्वयं पशु की तुलना में प्रतीत होता है।

—*मानव-चक्र, पृ. 268*

* * *

मनुष्य एक मनोमय सत्ता है, जो सजीव जड़तत्त्व के अंदर सशरीरी हुई है। इस मनुष्य की चेतना को ऊपर उठना होगा, जिसमें वह उच्चतर चेतना के साथ युक्त हो जाए। साथ ही उच्चतर चेतना को भी मन में, प्राण में और शरीर में उतर आना होगा। इस तरह बाधाएँ दूर हो जाएँगी और उच्चतर चेतना समूची निम्न प्रकृति को अपने हाथ में लेकर उसे अतिमानस की शक्ति में रूपांतरित कर सकेगी।

—*श्रीअरविंद के पत्र (चतुर्थ भाग), पृ. 41-42*

* * *

मनुष्य को आत्म-दमन तथा आत्म-उच्छेद करना नहीं बल्कि मनुष्य-जाति की पूर्णता के अंदर अपनी पूर्णता प्राप्त करना सीखना चाहिए। इसी प्रकार उसे भी सीखना

चाहिए कि वह अपने अहं का उच्छेद या नाश न करें, बल्कि उसे उसकी सीमाओं से बाहर लाकर पूर्ण बनाए तथा एक ऐसी महत्तर वस्तु में विलीन कर दे, जिसका आज वह प्रतीक बनने का प्रयत्न कर रहा है।

—मानव-एकता का आदर्श, पृ. 22

❊ ❊ ❊

मनुष्य जड़ जगत् में अवतरित एक उच्चतर सत् का ठीक-ठीक वह तत्त्व और प्रतीक है, जिसमें यह संभव है कि निम्नतर अपने आपको रूपांतरित करे और उच्चतर की प्रकृति धारण करे और उच्चतर अपने आपको निम्नतर के रूप में प्रकट करे।

—दिव्य जीवन, पृ. 370

❊ ❊ ❊

मनुष्य विश्व में एक पृथक् और सर्वथा विलक्षण प्राणी है, इस धारणा को प्रकृति-प्रक्रिया के धैर्यपूर्ण और तटस्थ अवलोकन ने बुरी तरह झकझोर डाला है। मनुष्य पृथ्वी पर अपना सानी नहीं रखता, उसका कोई समकक्ष नहीं, और उसे विशेष सुविधा भी प्राप्त है, किंतु उसकी सत्ता एकाकी नहीं होती, उसके पीछे सारा विकास-क्रम है, जो दुर्बल शरीर, संकीर्ण प्राण और सीमित मन में शरीर धारण करने वाले आध्यात्मिक महानता के इस जिज्ञासु की व्याख्या करता है और यह जिज्ञासु अपनी बारी में अपनी सत्ता और खोज के द्वारा विकास-क्रम की व्याख्या देता है। *—पुनर्जन्म और क्रम-विकास, पृ. 53*

❊ ❊ ❊

मनुष्य से हमारा अभिप्राय है जीवंत शरीर में बंदी मन से। परंतु मन ही चेतना की उच्चतम संभाव्य शक्ति नहीं, कारण मन को सत्य अधिकृत नहीं है, वह तो सत्य का अज्ञ अन्वेषक ही है। मन से परे चेतना की एक अतिमानसिक या विज्ञानमयी शक्ति है, जिसे सत्य नित्य उपलब्ध है। यह अतिमानस मूलत: दिव्य ज्ञाता और स्रष्टा की सक्रिय चेतना है, अपने स्वभाव में युगपत् और अविच्छेद रूप से उसकी अनंत प्रज्ञा और अनंत इच्छा है। अतिमानस अतिमानव है, विज्ञानमय अतिमानवत्व ही क्रम विकास में वह आगामी सुस्पष्ट और विजयी स्तर है, जहाँ पार्थिव प्रकृति को पहुँचना है।

—पुनर्जन्म और क्रम-विकास, पृ. 281

❊ ❊ ❊

सब मनुष्य सभी चीजों में एक ही सार्वभौम और अपरिवर्तनीय नियम का अनुसरण नहीं कर सकते। *—भारतीय संस्कृति के आधार, पृ. 129*

❊ ❊ ❊

महत्त्वाकांक्षा

महत्त्वाकांक्षा सदा ही प्राण की एक शक्ति होती है।

—श्रीअरविंद के पत्र (चतुर्थ भाग), पृ. 341

* * *

महाकाली और काली

महाकाली और काली एक ही नहीं। काली एक अवर (निम्न कोटि का) रूप है। उच्चतर भूमिकाओं में महाकाली सामान्यतया सुनहरे रंग में प्रतीत होती है।

यह काली, श्यामा इत्यादि साधारण रूप के हैं, जो प्राण द्वारा दिखाई देते हैं, महाकाली का सच्चा रूप, जिसका मूल अधिमानस-लोक में है, काला, धूमिल या भयानक नहीं है बल्कि सुनहले रंग का है और असुरों के लिए भीषण न होने पर भी सौंदर्य से भरपूर है।

—श्री माताजी के विषय में, पृ. 31

* * *

महान् संत

भारत में महान् संत तथा धार्मिक पुरुष ही मूर्धन्य पद पर अवस्थित रहे हैं तथा महानता की अत्यंत हृदयस्पर्शी और अविच्छिन्न नाम-परंपरा को प्रस्तुत करते आए हैं, जैसे कि रोम अपने योद्धाओं, राजनीतिज्ञों और शासकों के द्वारा ही सबसे अधिक जीवित रहा। प्राचीन भारत में ऋषि सर्वप्रमुख व्यक्ति होता था, जिसके ठीक पीछे योद्धा का स्थान था, जबकि बाद के युग की सबसे अधिक ज्वलंत विशेषता है, बुद्ध और महावीर से लेकर रामानुज, चैतन्य, नानक, रामदास और तुकाराम और इनसे भी आगे रामकृष्ण, विवेकानंद और दयानंद तक आध्यात्मिक पुरुषों की ही एक लंबी अविच्छिन्न शृंखला।

—भारतीय संस्कृति के आधार, पृ. 226

* * *

महाभारत

महाभारत किसी एक ही व्यक्ति के मन ही नहीं, बल्कि एक राष्ट्र के मन की रचना एवं अभिव्यक्ति है, यह तो एक संपूर्ण जाति की अपने विषय में लिखी हुई कविता है।

—भारतीय संस्कृति के आधार, पृ. 343

* * *

महाभारत की रचना-शक्ति, कारीगरी और क्रम-पद्धति हमें भारत के गृह-शिल्पियों की कला की याद दिलाती है।

—भारतीय संस्कृति के आधार, पृ. 345

* * *

महाभारत केवल भारतवंशियों की कथा ही नहीं है, न यह राष्ट्रीय परंपरा का रूप लेनेवाली किसी प्राचीन घटना का महाकाव्य ही है, बल्कि यह एक बहुत बड़े पैमाने पर, भारत की अंतरात्मा का, उसके धार्मिक एवं नैतिक मन तथा सामाजिक और राजनीतिक आदर्शों एवं संस्कृति और जीवन का महाकाव्य है।

— भारतीय संस्कृति के आधार, पृ. 342

❋ ❋ ❋

महाभारत-रामायण

इस युग के विशुद्ध साहित्य के प्रतिनिधि हैं दो वृहत् महाकाव्य। एक तो महाभारत जिसने अपनी विशाल रचना के अंदर भारतीय मन की अनेक शक्तियों की काव्यात्मक कृति के अधिकांश को संगृहीत किया और दूसरा रामायण। ये दोनों कविताएँ अपने मूल हेतु और भावना में महाकाव्यात्मक हैं, परंतु ये काव्य संसार के किन्हीं भी अन्य दो महाकाव्यों से सादृश्य नहीं रखते, बल्कि सर्वथा अपने ही ढंग के हैं और अपने मूलतत्त्व में दूसरों से सूक्ष्मतः भिन्न भी। *— भारतीय संस्कृति के आधार, पृ. 340*

❋ ❋ ❋

माघ

माघ की कविता एक स्वाभाविक कृति होने की अपेक्षा कहीं अधिक अलंकार शास्त्र के नियम के द्वारा निर्मित एक कृत्रिम रचना है और वह श्रुतिमधुर अनुप्रास जटिल विशेषाक्षरबंध और कष्टसाध्य श्लेष के अत्यंत निकृष्ट बालोचित प्रयोगों को गुणों के रूप में प्रदर्शित करते हैं। *— भारतीय संस्कृति के आधार, पृ. 361*

❋ ❋ ❋

मान-अभिमान

मान-अभिमान (कोप) की वृत्ति से तुम जितनी जल्दी छुटकारा पा जाओ, उतना ही अच्छा है। जो मान-अभिमान में रत होता है, वह अपने को विरोधी शक्तियों के अधीन कर देता है। मान-अभिमान का सच्चे प्रेम के साथ कोई संबंध न हो। यह भी ईर्ष्या की तरह, प्राणिक अहंकार का अंग है।

— श्रीअरविंद के पत्र (द्वितीय भाग), पृ. 282

❋ ❋ ❋

मानव

मनुष्य के अंदर जो देवत्व है, उसकी वृद्धि करना मनुष्य का समुचित कर्म है,

उसके अंदर की निम्न आसुरी और राक्षसी प्रकृति को निरंतर दृढ़तापूर्वक दैवी प्रकृति में परिणत करना ही मानव-जीवन का दक्षतापूर्वक निहित मर्म है।

—गीता-प्रबंध, पृ. 339

* * *

मानव-जीवन

मानव-जीवन कभी मुक्त समांतर रेखाओं के सहारे नहीं चल सकता। कारण, उन्हें प्रकृति लगातार मिलने के लिए, एक-दूसरे से टकराने, परस्पर घुलने-मिलने के लिए विवश करती रहती है।

—मानव-एकता का आदर्श, पृ. 380

* * *

मानवता

जब तक मानवता का विचार बुद्धि को ही नहीं वरन् मनुष्य की भाव-भावनाओं, स्वाभाविक सहानुभूतियों और मानसिक अभ्यासी को भी अभिकृत नहीं कर लेता, तब तक जो भी प्रगति होगी, वह महत्त्वपूर्ण विषयों की अपेक्षा बाह्य व्यवस्थाओं में तथा आदर्श की तात्कालिक अथवा शीघ्र ही व्यापाक और वास्तविक चरितार्थता की अपेक्षा मिश्रित और अहंकारयुक्त उद्देश्यों के आदर्श के उपयोग की होगी।

—मानव-एकता का आदर्श, पृ. 295

* * *

मानव-प्रकृति

मानव-प्रकृति अपने उपादानों और अपनी प्रधान दिशाओं में से एक है, पर किन्हीं भी दो मनुष्यों का स्वभाव, गुण या मनोविज्ञान एक-जैसा नहीं है।

—मानव-एकता का आदर्श, पृ. 157

* * *

मानव-प्रगति

मानव-प्रगति बहुत-कुछ एक ऐसा अभियान है, जो अज्ञात प्रदेश में से होते हुए किया जाता है और वह अज्ञात प्रदेश अप्रत्याशित आक्रमणों एवं परेशान करनेवाली बाधाओं से भरा हुआ होता है; बहुधा यह प्रगति ठोकरें खाती है, अनेक स्थलों पर यह अपना मार्ग खो बैठती है, एक ओर की कोई चीज पाने के लिए दूसरी ओर की चीज का त्याग करती है, अधिक व्यापक रूप में आगे बढ़ने के लिए यह प्राय: अपने पैर पीछे खींच लाती है।

—भारतीय संस्कृति के आधार, पृ. 32

* * *

मानव-प्रेम

मानव-प्रेम अधिकांश में प्राणिक और भौतिक होता है, जिसे कुछ मानसिक समर्थन प्राप्त होता है। यह एक स्वार्थहीन, उच्च और शुद्ध रूप तथा अभिव्यक्ति को केवल तभी प्राप्त हो सकता है, जबकि इसे चैत्य का स्पर्श प्राप्त हो।

—श्रीअरविंद के पत्र (द्वितीय भाग), पृ. 269

* * *

मानव-हृदय

जब तक मनुष्य का हृदय तैयार नहीं हो जाता, संसार की अवस्थाओं का गंभीर रूपांतर नहीं हो सकता।

—मानव-एकता का आदर्श, पृ. 299

* * *

मानसिक ज्ञान

तुम्हें संसार भर का सारा मानसिक ज्ञान प्राप्त हो सकता है, फिर भी तुम प्राणिक कठिनाइयों का मुकाबला करने में असमर्थ हो सकते हो। सच्ची सहायता देनेवाली चीजें हैं—साहस, श्रद्धा, ज्योति के प्रति सच्ची निष्ठा, विपरीत सुझावों और विरोधी वाणियों का परित्याग। उसके बाद ही ज्ञान भी कुछ प्रभावशाली हो सकता है।

—श्रीअरविंद के पत्र (चतुर्थ भाग), पृ. 265

* * *

माया

माया की सारी कृतियाँ एक युक्ति से जादुई शक्ति की रचना लगती हैं, वह शक्ति विश्व को अपनी बुद्धिमत्ता अथवा अपनी उन्मुक्त कल्पना के अनुसार आयोजित करती है, किंतु वह बुद्धिमत्ता ऐसी है, जो हमारी नहीं है और वह उन्मुक्त कल्पना भी ऐसी है, जो हमारी कल्पना को चकरा देती है।

—दिव्य जीवन, पृ. 37

* * *

मूर्तिपूजा

भारतीय मूर्तिपूजा बर्बर या अविकसित मन की बुतपरस्ती नहीं है, क्योंकि अत्यंत अज्ञानी भारतीय भी यह जानते हैं कि मूर्ति एक प्रतीक एवं अवलंबन है और इसका उपयोग समाप्त होने पर वे इसे फेंक सकते हैं।

—भारतीय संस्कृति के आधार, पृ. 165

* * *

मृत्यु

भौतिक मृत्यु का अर्थ है भौतिक आकार का विलय। किंतु आकार मात्र मृत्यु द्वारा लुप्त नहीं हो जाते।

—श्रीअरविंद के पत्र (चतुर्थ भाग), पृ. 158

* * *

मर जाना कोई समाधान नहीं। इस जन्म में जिन बाधाओं को तुमने नष्ट नहीं किया, क्या तुम समझते हो, दूसरे जन्म में वे सब तुम्हें छोड़ देंगी? इसी जन्म उन्हें दूर करना होगा।

—बँगला रचनाएँ, पृ. 236

* * *

मृत्यु का अस्तित्व इसलिए है कि देहधारी सत्ता अभी इतनी विकसित नहीं हुई। वह परिवर्तन की आवश्यकता के बिना ही उसी शरीर में बढ़ती जाए और इसलिए भी कि शरीर स्वयं पर्याप्त सचेतन नहीं हुआ है। यदि मन, प्राण और शरीर स्वयं अधिक सचेतन और नमनीय होते तो मृत्यु आवश्यक न होती।

—श्रीअरविंद के पत्र (चतुर्थ भाग), पृ. 158

* * *

मैत्री

निश्चय ही पुरुष-पुरुष अथवा नारी-नारी के बीच मैत्री रखना पुरुष और नारी के बीच मैत्री रखने की अपेक्षा अधिक आसान है, क्योंकि वैसी स्थिति में सामान्यतया काम-भावना का प्रवेश नहीं होता। पुरुष और नारी की मैत्री में किसी भी क्षण, छिपकर या सीधे तौर पर कामुक प्रवृत्ति आ सकती है और बेचैनी उत्पन्न कर सकती है। किंतु पुरुष और नारी के बीच कामरहित पवित्र संबंध का होना असंभव नहीं है; ऐसी मैत्री हो सकती है और सदैव होती रही है।

—श्रीअरविंद के पत्र (द्वितीय भाग), पृ. 312-313

* * *

मैत्री मन का भाव है, जो सर्वभूत के कल्याण की इच्छा करता है, किसी का भी अनिष्ट नहीं करता, उसी दयावान्, अहिंसापरायण, सर्वभूत हितरत पुरुष को मित्र कहते हैं, मैत्री उसके मन का भाव है।

—बँगला रचनाएँ, पृ. 187

* * *

मोक्ष

बौद्धों का निर्वाण और अद्वैतवादियों का मोक्ष एक ही वस्तु है। यह एक ऐसी उपलब्धि है, जिसमें मनुष्य अपने आपको इस नाम या आकार का कोई पृथक् व्यक्ति नहीं अनुभव करता, बल्कि एक अनंत शाश्वत, देशहीन (यद्यपि वह देश में है), कालहीन (यद्यपि वह काल में है), आत्मा अनुभव करता है। ध्यान रखो, मनुष्य इस स्थिति में पूर्णतया भलीभाँति कार्य कर सकता है और यह एकमात्र समाधि के द्वारा ही प्राप्त नहीं है।

—श्रीअरविंद के पत्र (प्रथम भाग), पृ. 73

❊ ❊ ❊

मौन

मौन बहुत कम ही लाभदायक होता है। इसके समाप्त होते ही बकझक फिर पहले की तरह शुरू हो जाती है। वाणी का परिवर्तन स्वयं वाक्शक्ति में ही करना होगा।

—श्रीअरविंद के पत्र (चतुर्थ भाग), पृ. 527

❊ ❊ ❊

मौनव्रत

बिलकुल चुप्पी और बे-लगाम बोलना ये दो अंतिम छोर हैं, इनमें से कोई भी हितकर नहीं। मैंने मौन व्रत रखने वाले बहुत से लोग देखे हैं, परंतु बाद में वे पहले-जितने ही बातूनी हो जाते हैं।

—श्रीअरविंद के पत्र (चतुर्थ भाग), पृ. 527

❊ ❊ ❊

युक्तिवाद

मैं नहीं समझता कि इस 'युक्तिवाद' का ठीक-ठीक अर्थ क्या है। यदि इसका अर्थ विरोधियों को तर्क में हरा देने के लिए ही है तो फिर दर्शन के इस भाग का कोई मौलिक औचित्य नहीं है।

—श्रीअरविंद के पत्र (प्रथम भाग), पृ. 49

❊ ❊ ❊

युद्ध

युद्ध, आघात और संघर्ष अपने आप में कोई निरर्थक संहार नहीं होते; वे तो काल के महान् लेन-देन के लिए एक उग्रतापूर्ण आवरण होते हैं। यहाँ तक देखने में आता है कि अत्यंत सफल विजेता भी पराजित से बहुत कुछ ग्रहण करता है और यदि कभी वह

उस बहुत-कुछ को हथिया लेता है तो बहुत बार वह चीज उसे बंदी बना देती है।

—भारतीय संस्कृति के आधार, पृ. 31

* * *

युद्ध की परिस्थिति में शस्त्रास्त्र का त्याग कर देना विनाश को निमंत्रित करना है और इससे कोई ऐसा आध्यात्मिक उद्देश्य भी सिद्ध नहीं हो सकता, जिससे क्षति की पूर्ति हो जाए।

—भारतीय संस्कृति के आधार, पृ. 9

* * *

युद्ध के आघात को कानून से नहीं, वरन् युद्ध को जन्म देने वाली चरम अवस्थाओं में पंचनिर्णय के सिद्धांत को बलपूर्वक लागू करने से; किसी अंतरराष्ट्रीय सत्ता के निर्माण से नहीं, वरन् अंतरराष्ट्रीय दबाव के आसन्न भय से रोका जा सकता है।

—मानव-एकता का आदर्श, पृ. 230

* * *

युद्ध-सेवा और युद्ध-सामग्री को सीमित कर देना युद्ध का इलाज है। नियंत्रण का कोई सफल अंतरराष्ट्रीय साधन प्राप्त हो भी जाए तो भी युद्ध का संयोग वास्तविक रूप में सामने उपस्थित होने पर यह साधन निष्क्रिय हो जाएगा।

—मानव-एकता का आदर्श, पृ. 119-120

* * *

यूरोपीय संस्कृति

यूरोप आज जिस प्रकार की निरी बौद्धिक या नितांत जड़वादी संस्कृति का समर्थन करता है, उसके अंतस्तल में मृत्यु का बीज निहित है, क्योंकि संस्कृति का जीता-जागता उद्देश्य है, पृथ्वी पर स्वर्ग का राज्य स्थापित करना।

—भारतीय संस्कृति के आधार, पृ. 9

* * *

योग

योग का अर्थ है भगवान् के साथ एकत्व। चाहे वह एकत्व विश्वातीत हो या विश्वगत या व्यक्तिगत हो अथवा, जैसा कि हमारे योग में है, एक साथ यह सब तीनों ही हो। अथवा इसका अर्थ है एक ऐसी चेतना में प्रवेश करना, जिसमें मनुष्य तुच्छ अहं, व्यक्तिगत, मन, प्राण और शरीर में अब सीमित नहीं रहता, बल्कि परम आत्मा के साथ

या विश्वगत चेतना के साथ युक्त होता है, जिसमें वह अपनी निजी अंतरात्मा के विषय में, अपनी निजी आंतर सत्ता के विषय में और जीवन के यथार्थ सत्य के विषय में सचेतन रहता है। यौगिक चेतना में चले जाने पर मनुष्य केवल वस्तुओं का ही ज्ञान नहीं प्राप्त कर लेता, बल्कि शक्तियों का ज्ञान प्राप्त कर लेता है, और केवल शक्तियों का ही नहीं वरन् शक्तियों के पीछे विद्यमान सचेतन पुरुष का भी ज्ञान प्राप्त कर लेता है। वह इन सब चीजों का ज्ञान केवल अपने ही अंदर नहीं वरन् विश्व के अंदर भी प्राप्त कर लेता है।

—श्रीअरविंद के पत्र (चतुर्थ भाग), पृ. 68

* * *

योग का आदर्श

योग का आदर्श यह है कि सबकुछ भगवान् के अंदर और उनके इर्द-गिर्द केंद्रित होना चाहिए और साधकों का जीवन सुदृढ़ नींव के ऊपर स्थापित होना चाहिए। उनके व्यक्तिगत संबंधों का भी केंद्र भगवान् ही होने चाहिए। अधिकृत सभी संबंध प्राणगत आधार से उठकर आध्यात्मिक आधार का एक रूप और यंत्र बन जाना चाहिए। इस बात का अर्थ यह है कि साधकों के आपस में कोई भी संबंध क्यों न हों, उनमें से समस्त ईर्ष्या, कलह, घृणा, असंतोष, विद्वेष तथा अन्य अशुभ प्राणगत भावों को निकाल फेंकना चाहिए, क्योंकि ये सब चीजें आध्यात्मिक जीवन का अंग नहीं बन सकतीं।

—श्रीअरविंद के पत्र (द्वितीय भाग), पृ. 300

* * *

योग-साधना

योग-साधना करने का मतलब ही है सब प्रकार की आसक्तियों को जीतने और एकमात्र भगवान् की ओर मुड़ जाने का संकल्प करना। योग की सबसे प्रधान बात है पग-पग पर भगवत्कृपा पर विश्वास रखना, निरंतर अपने विचार भगवान् की ओर मोड़ते रहना और जब तक अपनी सत्ता उद्घाटित न हो जाए और आधार के अंदर कार्य करती हुई श्री माँ की शक्ति का अनुभव न हो सके, तब तक अपने आपको समर्पित करने रहना।

—श्री माताजी के विषय में, पृ. 82

* * *

यौन-आकर्षण

यौन-आकर्षण उस सर्वसामान्य शक्ति का आकर्षण है, जो व्यक्ति का अपने

उद्देश्य के लिए उपभोग करती है और यह अन्य किसी व्यक्ति की किसी भी प्रकार की निकटता का लाभ उठाती है।

—श्रीअरविंद के पत्र (चतुर्थ भाग), पृ. 494

❋ ❋ ❋

राग-द्वेष

युद्धजनित राग-द्वेष तथा राष्ट्रों की स्वार्थपूर्ण आशाएँ निश्चित ही मार्ग में भारी बाधाएँ होती हैं और वह ऐसे किसी भी प्रारंभ को आसानी से या तो व्यर्थ कर सकती हैं या फिर उसे केवल अस्थायी वस्तु बना सकती हैं।

—मानव-एकता का आदर्श, पृ. 115

❋ ❋ ❋

राजनीति

जिसे राजनीति कहा जाता है, वह अत्यंत राजसिक, दोषपूर्ण और सभी प्रकार के अहंजनित आशयों की खिचड़ी है। हमारा पथ है, परिवर्तन के लिए पार्थिव चेतना के ऊपर आत्मा का दबाव डालना। *—श्रीअरविंद के पत्र (द्वितीय भाग), पृ. 350*

❋ ❋ ❋

यह (राजनीति) किसी को एक कार्य के रूप में नहीं दी गई है। लोग इसे इसलिए जारी रखते हैं कि उनमें उसके लिए एक मानसिक दिलचस्पी है या उन्हें एक अभ्यास पड़ गया है, जिसे वे छोड़ना नहीं चाहते, वह ठीक चाय पीने या उस ढंग की अन्य किसी चीज की प्राणित आदत जैसी है।

—श्रीअरविंद के पत्र (द्वितीय भाग), पृ. 350

❋ ❋ ❋

राजनीतिक एकता

राजनीतिक एकता आवश्यक वस्तु नहीं है, यह न भी प्राप्त हो तो भी राष्ट्र का अस्तित्व बना रहता है और राष्ट्र अनिवार्य रूप से अपने आपको चरितार्थ करने की ओर अग्रसर होता है।

—मानव-एकता का आदर्श, पृ. 32

❋ ❋ ❋

राजसिक अहंकार

राजसिक अहंकार कर्म-प्रधान है। मैं कर्म कर रहा हूँ, मैं जीत रहा हूँ, पराजित हो रहा हूँ, चेष्टा कर रहा हूँ, मेरी ही कार्य-सिद्धि हो रही है, मेरी ही असिद्धि हो रही

है, मैं सुखी हूँ, मैं दुःखी हूँ—ये सब भाव रज-प्रधान, कर्म-प्रधान और प्रवृत्तिजनक हैं। —*बँगला रचनाएँ*, *पृ. 145*

* * *

राजसिक कर्म

जिस कर्म को मनुष्य कामना के वशीभूत होकर केवल कर्म और उसके प्रत्याशित फलन पर ही दृष्टि जमाए हुए या अपने कर्मगत व्यक्तित्व के संबंध में अहंमूलक भाव रखते हुए संपन्न करता है, वह राजसिक कर्म है। वह अपरिमित प्रयत्न एवं तीव्र परिश्रम के साथ तथा अपनी काम्य वस्तु की प्राप्ति के लिए व्यक्ति-संकल्प के अत्यंत कृच्छ आयास-प्रयास के द्वारा किया जाता है। —*गीता-प्रबंध, पृ. 525*

* * *

राजा

भारत में यद्यपि राजा को दैवी शक्ति का प्रतिनिधि और धर्म का संरक्षक मानते हुए उसके राजोचित पद एवं उसके व्यक्तित्व को एक विशेष प्रकार की पवित्रता तथा महत् प्रभुता से संपन्न समझा जाता है, तथापि मुसलमानों के आक्रमण से पहले भारतीय राजतंत्र किसी प्रकार भी एक व्यक्ति का स्वेच्छा शासन या निरंकुश तानाशाही नहीं था; फारस के प्राचीन राजतंत्रों अथवा रोम के साम्राज्यीय शासन या यूरोप की परवर्ती तानाशाहियों से यह कुछ भी साम्य नहीं रखता था, यह पठान या मुगल बादशाहों की शासन-प्रणाली से बिलकुल ही भिन्न प्रकार का था।

—*भारतीय संस्कृति के आधार, पृ. 392*

* * *

राज्य

आदर्श रूप में राज्य समाज की वह सामूहिक बल-बुद्धि है, जो सर्वहित के लिए सुलभ और संगठित कर दी जाती है। —*मानव-एकता का आदर्श, पृ. 19*

* * *

आदर्श समाज या आदर्श राज्य वह होता है, जिसमें व्यक्ति की पूर्णता के लिए उसकी वैयक्तिक स्वाधीनता और स्वतंत्र विकास को भी उतना ही महत्त्व दिया जाता है, जितना कि समष्टि, समाज या राष्ट्र की आवश्यकताओं अर्थात् निपुणता, एकता, स्वाभाविक प्रगति और आभ्यंतरिक पूर्णता को दिया जाता है।

—*मानव-एकता का आदर्श , पृ. 125*

* * *

जब राज्य समाज के सम्मिलित कार्य का नियंत्रण अपने हाथ में लेने का प्रयत्न करता है तो उसे एक ऐसे दानवी यंत्र के निर्माण करने का अपराधी बनना पड़ता है, जो अंत में मनुष्य की स्वतंत्रता, प्रेरक शक्ति और वास्तविक उन्नति को कुचल डालेगा।

—मानव-एकता का आदर्श, पृ. 23

❋ ❋ ❋

राज्य एक ऐसी सत्ता है, जो बहुत अधिक शक्ति होने के कारण आंतरिक दुविधाओं या बाह्य प्रतिबंधों द्वारा कम-से-कम पीड़ित होती है। उसकी आत्मा या तो होती ही नहीं या फिर केवल प्रारंभिक अवस्था में होती है। यह एक सैनिक, राजनीतिक और आर्थिक शक्ति है; यदि यह एक बौद्धिक और नैतिक सत्ता हो भी तो वह केवल एक थोड़े और अविकसित अंश में ही होगी।

—मानव-एकता का आदर्श, पृ. 22

❋ ❋ ❋

राज्य कोई प्राणिक सत्ता नहीं है, यह एक मशीन है और मशीन की ही भाँति कार्य करता है। निपुणता, सुरुचि, वैविध्यता, सूक्ष्मता या अंतर्ज्ञान इसमें नहीं होता।

—मानव-एकता का आदर्श, पृ. 23

❋ ❋ ❋

राज्य और व्यक्ति

व्यक्ति राज्य की ही आत्म-अभिव्यक्ति है। इसके द्वारा राज्य अपने अंगभूत व्यक्तियों को स्वतंत्र इच्छा, स्वतंत्र प्रक्रिया, शक्ति, प्रतिष्ठा और आत्मख्यापन को अपने अधीन करने का विशेष रूप से प्रयत्न करता है। असत्य उस आधारभूत विचार में है, जो यह कहता है कि राज्य अपने सदस्य व्यक्तियों से बढ़कर है और वह निर्दोष रूप में मानव जाति के उच्चतम हित में इस आग्रहशील श्रेष्ठता का दावा कर सकता है।

—मानव-एकता का आदर्श, पृ. 16

❋ ❋ ❋

रामायण

भारत के सांस्कृतिक मानव को ढालने में वाल्मीकि की कृति ने प्रायः एक अपरिमेय शक्ति-युक्त साधन के रूप में से बहुतों का गठन किया है और इसी ने उसके अंदर उन सूक्ष्मतर और उत्कृष्ट पर सुदृढ़ आत्मिक स्वरों को अधिक सुकुमार मानव प्रकृति को

उद्बुद्ध तथा प्रतिष्ठित किया है, जो सद्गुण और आचार-व्यवहार के प्रचलित बाह्य अंगों से कहीं अधिक मूल्यवान वस्तुएँ हैं।

—भारतीय संस्कृति के आधार, पृ. 347

रामायण भी मूलतः महाभारत से मिलती-जुलती रचना है, भेद इतना ही है कि इसकी योजना अपेक्षाकृत अधिक सरल है, इसमें आदर्शात्मक प्रकृति अधिक सुकुमार है और काव्यात्मक ऊष्मा और रंग की आभा अधिक सुंदर। इसमें दार्शनिक की मनोवृत्ति कम है और शुद्ध कवि की अधिक, इसमें कलाकार अधिक हैं, निर्माता कम।

—भारतीय संस्कृति के आधार, पृ. 345

* * *

राष्ट्र

कोई भी राष्ट्र कर्म के उसी क्षेत्र में अपने अत्यंत सजीव आदर्श व्यक्तियों को आविर्भूत करने की प्रवृत्ति रखता है, जो उसके स्वभाव के अत्यंत अनुकूल हो और उसके प्रमुख विचार को प्रकट करता हो। *—भारतीय संस्कृति के आधार, पृ. 225-226*

* * *

पहले राष्ट्र की रक्षा करनी चाहिए, तभी व्यक्ति की आध्यात्मिक, नैतिक और आर्थिक उन्नति बनाई जा सकती है। *—बँगला रचनाएँ, पृ. 154*

* * *

प्रत्येक राष्ट्र मानव-जाति के अंदर विकसित होते हुए आत्मा की ही एक विशिष्ट शक्ति है। जिस शक्ति तत्त्व का मूर्त रूप है, उसी के सहारे वह जीवित रहता है।

—भारतीय संस्कृति के आधार, पृ. 6

* * *

राजनीतिक एकता चाहे मिट भी जाए, तब भी राष्ट्र बना रहता है, कठोर प्रयत्न करता है, कष्ट उठता है, परंतु नष्ट होना स्वीकार नहीं करता।

—मानव-एकता का आदर्श, पृ. 32

* * *

राष्ट्र एक ऐसी अप्रतिहत मनोवैज्ञानिक इकाई है, जिसे प्रकृति संसार भर में अत्यंत विविध रूपों में विकसित करने तथा भौतिक और राजनीतिक एकता के लिए शिक्षित करने में संलग्न रही है। *—मानव-एकता का आदर्श, पृ. 32*

* * *

राष्ट्रधर्म

व्यक्तिगत धर्म को राष्ट्रधर्म के अंकाश्रित करने से राष्ट्र नष्ट हो जाता है और राष्ट्रधर्म लुप्त होने से व्यक्तिगत धर्म का क्षेत्र और सुयोग नष्ट होता है।

—बँगला रचनाएँ, पृ. 154

* * *

राष्ट्रीयता

स्वदेश है माता, स्वेदश है भगवान्, यही वेदांत-शिक्षांतर्गत महती शिक्षा है, राष्ट्रीय अभ्युत्थान का बीज है।

—बँगला रचनाएँ, पृ. 178

* * *

राष्ट्रीय भाव

केवल अपना स्वार्थ-साधन न कर साथ-साथ अपने देश का स्वार्थ सिद्ध करना। देश के मान, गौरव और उन्नति के लिए युद्ध करना, प्रत्येक देशवासी का कर्तव्य है। आवश्यक होने पर उस युद्ध में निर्भय हो प्राण-विसर्जन करना वीर का धर्म है, यही कर्तव्य-बुद्धि है राष्ट्रीय भाव का प्रधान लक्षण।

—बँगला रचनाएँ, पृ. 175

* * *

पूर्ण राष्ट्रीय भाव देश भर में फैल जाने पर नाना भेदों से भरे इस देश में भी एकता का आना संभव है, केवल 'एकता चाहिए, एकता चाहिए' कहने भर से एकता नहीं आ जाती।

—बँगला रचनाएँ, पृ. 517

* * *

सच्चरित्र या पुण्यवान् होने से ही कोई दौड़ या कुश्ती में विजयी नहीं होता। उपयुक्त शक्ति का होना आवश्यक है। उसी तरह राष्ट्रीय भाव के विकास से दुर्वृत्त और आसुरिक राष्ट्र भी साम्राज्य स्थापित करने में समर्थ होता है। राष्ट्रीय भाव का अभाव होने पर सच्चरित्र और गुण-संपन्न राष्ट्र भी पराधीन हो अंत में चरित्र और गुण खो अधोगति को प्राप्त होता है।

—बँगला रचनाएँ, पृ. 176

* * *

यह बिलकुल ठीक है कि रोने से ऐसी शक्तियाँ भीतर घुस आती हैं, जिन्हें बाहर ही रखना चाहिए, क्योंकि रोने का अर्थ है आंतरिक संयम का हट जाना और प्राणिक प्रतिक्रिया तथा अहंकार का प्रकट होना। केवल चैत्य रुलाई ही ऐसी चीज है, जो इन शक्तियों के लिए दरवाजा नहीं खोलती, बल्कि वह रुलाई बिना किसी क्लेश के होती है। भक्ति आध्यात्मिक अनुराग या आनंद का आँसू होती है।

—श्रीअरविंद के पत्र (चतुर्थ भाग), पृ. 33

* * *

रोग

रोग इस बात का चिह्न है कि शरीर में कहीं कुछ अपूर्णता या दुर्बलता है अथवा भौतिक प्रकृति विरोधी शक्तियों के स्पर्श के लिए कहीं खुली हुई है; इसके साथ ही रोग का प्रायः निम्न प्राण या भौतिक मन अथवा किसी अन्य स्थान में विद्यमान किसी प्रकार के अंधकार या असामंजस्य से संबंध रहता है।

—श्रीअरविंद के पत्र (चतुर्थ भाग), पृ. 548–549

* * *

लेखन और अध्ययन

लेखन और अध्ययन मन को तल्लीन बना देते हैं और उसे प्रतिरूपों एवं प्रभावों से भर देते हैं। यदि प्रतिरूप एवं प्रभाव सही ढंग के न हों तो वे स्वभावतया सच्ची चेतना से विमुख हो जाते हैं। यदि व्यक्ति में सच्ची चेतना पहले ही सुप्रतिष्ठित हो गई, हो तभी वह सत्य चेतना को खोए बिना या अन्य किसी प्रकार की हानि उठाए बिना कुछ भी लिख-पढ़ सकता है।

—श्रीअरविंद के पत्र, (चतुर्थ भाग) पृ. 216

* * *

वंश-परंपरा

हमारे जीवन में सबसे अधिक महत्त्व की चीज हमारी वंश-परंपरा नहीं, उससे हमें केवल हमारा अवसर या विघ्न मिलता है, हमारी अच्छी या बुरी सामग्री मिलती है, और वस्तुतः ऐसा नहीं देखा गया है कि हम सबकुछ उस स्रोत से पाते हों। परम महत्त्व की चीज यह है कि हम अपनी वंश-परंपरा का क्या कर रहे हैं, यह नहीं कि हमारी वंश-परंपरा हमारा क्या कर रही है? *—पुनर्जन्म और विकास, पृ. 107*

* * *

वर्ण-व्यवस्था

प्राचीन भारतीय विचार यह है कि मनुष्य अपनी प्रकृति के अनुसार चार प्रकार के होते हैं। इनमें सर्वप्रथम और सर्वोच्च है विद्या, चिंतन एवं ज्ञान से संपन्न मनुष्य। दूसरा है, शक्तिशाली और कर्मप्रधान मनुष्य शासक, योद्धा, नेता, प्रशासक। इस क्रम में तीसरा है आर्थिक मनुष्य, उत्पादक और धनोपार्जक, व्यापारी, शिल्पी, कृषक: ये सब द्विज थे, जिन्हें दीक्षा प्राप्त होती थी अर्थात् ब्राह्मण क्षत्रिय और वैश्य। अंतिम था, कम विकसित श्रेणी का मनुष्य जो अभी सीढ़ी के इन सोपानों पर आरोहण करने के योग्य नहीं था, बुद्धिहीन और नि:शक्त या सृजन या कौशलपूर्ण उत्पादन में असमर्थ था। कौशलहीन शारीरिक श्रम और निम्नकार्य के सेवा योग्य मनुष्य अर्थात् शूद्र समाज की आर्थिक व्यवस्था इन चार श्रेणियों के स्वरूप और क्रम में ढाली गई थी।

—भारतीय संस्कृति के आधार, पृ. 138

* * *

भारतीय विचार ने अपने विशुद्ध रूप में इस व्यवस्था के अंतर्गत मनुष्य की स्थिति जन्म के द्वारा नहीं, वरन् उसकी क्षमताओं और आंतरिक प्रकृति के द्वारा निश्चित की थी; और यदि इस नियम का कठोरतापूर्वक पालन किया गया होता तो वह विशिष्टता की एक अत्यंत स्पष्ट निशानी एवं एक अनुपम कोटि की उत्कृष्टता होती, परंतु अच्छे-से-अच्छा समाज भी सदैव कुछ अंशों में एक मशीन सा होता है और वह भौतिक चिह्न और प्रतिमान की ओर आकृष्ट होता है; और इस सूक्ष्मतर मनोवैज्ञानिक आधार पर समाज-व्यवस्था को सच्चे रूप में प्रतिष्ठित करना उस युग में एक दुष्कर और निरर्थक प्रयत्न होता। क्रियात्मक रूप में हम देखते हैं कि जन्म ही वर्ण का आधार बन गया।

—भारतीय संस्कृति के आधार, पृ. 138

* * *

विकास

जब मनुष्य के अंदर निरंतर विकास होता रहता है, केवल तभी वह निरंतर नवीनता भी पाता रह सकता है और जीवन में स्थायी रह सकता है। इससे भिन्न दूसरा कोई संतोषजनक मार्ग नहीं है।

—श्रीअरविंद के पत्र (द्वितीय भाग), पृ. 213

* * *

विचार

एक निरा विचार, चाहे वह सदा ही एक महान् शक्ति होता है, एक बड़ी दुर्बलता से भी ग्रस्त रहता है।

—मानव-एकता का आदर्श, पृ. 295

* * *

एक महान् विचार, जो व्यवहार-क्षेत्र में अपने आपको क्रियान्वित करने की चेष्टा कर रहा होता है, एक ऐसी शक्ति है, जिसकी न तो अवगणना की जा सकती है और न ही वर्तमान समय में उसकी तात्कालिक चरितार्थता की प्रत्यक्ष संभावनाओं के अनुसार उसका मूल्य आँका जाता है।

—मानव-एकता का आदर्श, पृ. 269

* * *

विज्ञान

विज्ञान अपने ढंग से महान् द्रष्टा और जादूगर है। उसमें दोनों ही प्रकार की स्थूल और सूक्ष्म, ध्यान से देखने वाली और दूरदर्शिनी दृष्टि-शक्तिया हैं, छानबीन और विश्लेषण के संकल्प को विघटन करनेवाली शक्ति और उद्भासक तथा समन्वयात्मक क्रियान्वयन की सर्जनशक्ति है।

—पुनर्जन्म और क्रम-विकास, पृ. 19

* * *

विज्ञान एक सर्वथा प्राकृतिक, यांत्रिक पूर्णतया सविच्छिन्न भौतिक विकास-क्रम की प्रतिष्ठा करता है, उस विकास-क्रम के बढ़ते परिवर्तन की धाराएँ तो बहुत सी और भिन्न होती हैं, परंतु उनमें कोई व्यवधान या अंतराल नहीं रहता।

—पुनर्जन्म और क्रम-विकास, पृ. 22

* * *

विधान

राष्ट्र के अंदर विधान केवल इसलिए सुरक्षित रहता है कि वहाँ एक ऐसी स्वीकृत सत्ता होती है, जो उसे निर्धारित करने तथा उसमें आवश्यक परिवर्तन करने की शक्ति रखती है; उसे इतना अधिकार प्राप्त होता है कि वह अपने कानून के भंग करने वालों को दंड दे सके।

—मानव-एकता का आदर्श, पृ. 77

* * *

विधि

जो विधि हमारी अपनी नहीं है या जिसे हमारी सच्ची प्रकृति आत्मसात् नहीं कर

सकती, उसके लगातार बने रहने से तो अराजकता अच्छी है। दबाने या रोकने वाली प्रत्येक विधि एक उपाय अथवा सच्ची विधि की स्थानापन्नमात्र होती है; सच्ची विधि तो अंदर से ही विकसित होनी चाहिए, उसे स्वाधीनता का प्रतिबंधक नहीं, बल्कि उसका बाह्य स्वरूप तथा उसकी प्रत्यक्ष अभिव्यक्ति होना चाहिए।

—मानव-एकता का आदर्श, पृ. 159

* * *

विरह

विरह आत्मा की खोज में प्राण-स्तर पर होने वाली एक संक्रमणकालीन अनुभूति है—कोई कारण नहीं कि साधना की बिलकुल प्राथमिक अवस्था में यह अनुभूति होने की संभावना न हो। जो उपलब्धियाँ बिना किसी बेचैनी के विशुद्ध आनंद में होती हैं, वे अधिक विकसित साधना का फल होती हैं।

—श्रीअरविंद के पत्र (द्वितीय भाग), पृ. 282

* * *

विश्व-प्रेम

विश्व-प्रेम आध्यात्मिक होता है और वह सर्वत्र विद्यमान एकमेवाद्वितीय और श्री भगवान् के बोध पर तथा व्यक्तिगत चेतना की आसक्ति तथा अज्ञान से मुक्त होकर एक विशाल विश्वगत चेतना में परिवर्तित हो जाने पर स्थापित होता है।

—श्रीअरविंद के पत्र (द्वितीय पत्र), पृ. 262

* * *

विश्व-प्रेम सबके साथ एकात्म होने की अनुभूति पर निर्भर करता है। इस अनुभूति के बिना भी सबके लिए चैत्य प्रेम या सहानुभूति हो सकती है।

—श्रीअरविंद के पत्र (द्वितीय भाग), पृ. 264

* * *

सक्रिय प्रेम सबकी ओर एक समान नहीं जा सकता, उससे तो अधिकांश लोगों की तैयारी न होने के कारण एक बड़ी गड़बड़ी और अस्तव्यस्तता उत्पन्न हो जाएगी। केवल निष्क्रिय अक्षर वैश्व प्रेम ही एक समान सबके लिए प्रयुक्त हो सकता है।··· वह प्रेम जो हृदय की स्थिर विशालता के अंदर आता है, जो मन की स्थिर विशालता से जिसमें कि समता और अनंत शांति विद्यमान रहती है, मिलती-जुलती है।

—श्रीअरविंद के पत्र (द्वितीय भाग), पृ. 267

* * *

विश्व राज्य

विश्व राज्य का अर्थ शक्ति का एक ऐसा दृढ़ केंद्रीय संगठन है, जो राष्ट्रों के एकीभूत संकल्प का प्रतिनिधित्व करेगा अथवा कम-से-कम उसका समर्थन करेगा। तब इस केंद्रीय और सार्वभौम शासक संस्था के हाथ में सब आवश्यक शक्तियों—सैनिक, प्रशासकीय, न्यायिक, आर्थिक, विधायक, सामाजिक और शैक्षणिक का कम-से-कम उनके मूल स्रोत में संयुक्त हो जाना अनिवार्य हो जाएगा।

—मानव-एकता का आदर्श, पृ. 203

* * *

विषाद

विषाद मात्र बुरा होता है, क्योंकि वह चेतना को नीचे ले आता है, उसकी ऊर्जा को खर्च कर देता है तथा उसे निरोधी शक्तियों की ओर खोल देता है।

—श्रीअरविंद के पत्र (चतुर्थ भाग), पृ. 293

* * *

वेद

वेद उस आदिकालीन अंतर्ज्ञानात्मक और प्रतीकात्मक मनोवृत्ति की रचना है, जो मनुष्य के परवर्ती मन के लिए सर्वथा अपरिचित वस्तु बन गई है, क्योंकि वह प्रबल रूप में बौद्धिक बन गया है तथा एक ओर तो तर्कशील विचार तथा अमूर्त परिकल्पना के द्वारा और दूसरी ओर जीवन और जड़ तत्त्व के तथ्यों के द्वारा परिचालित होता है।

—भारतीय संस्कृति के आधार, पृ. 311

* * *

वेद भारतीय संस्कृति का आध्यात्मिक और मनोवैज्ञानिक बीज है और उपनिषद् सर्वोच्च आध्यात्मिक ज्ञान एवं अनुभव के सत्य की अभिव्यक्ति।

—भारतीय संस्कृति के आधार, पृ. 337

* * *

वेशभूषा

आधुनिक समय में जिसे 'यौन-आकर्षण' कहा जाता है, उसकी सहायता के लिए स्त्री ने अपनी वेश-भूषा का हमेशा ही उपयोग किया है और मनुष्य हमेशा ही उससे प्रभावित होता रहा है। स्त्री के लिए भी मनुष्य की वेश-भूषा प्रायः आकर्षण का कारण होती है (उदाहरणार्थ सैनिक की वरदी), वेश-भूषा में विशेष प्रकार की रुचियाँ भी होती हैं—किसी विशेष रंग की साड़ी आकृष्ट करे यह बहुत सामान्य बात है। आकर्षण इंद्रिय और प्राण किया करता है, जबकि मन मानसिक त्रुटियों को नापसंद

करता है और उनका भेद खुल जाने पर ठंडा पड़ जाता है, लेकिन मन का यह वैराग्य अधिक प्रबल प्राणिक आकर्षण के सामने टिक नहीं सकता।

—श्रीअरविंद के पत्र (चतुर्थ भाग), पृ. 496

❋ ❋ ❋

वैदिक धर्म

प्राचीन वैदिक धर्म ने जीवन से इनकार नहीं किया वरन् वह तो यही मानता था कि जगत् शाश्वत सत्ता ब्रह्म की अभिव्यक्ति है, यहाँ जो कुछ भी है वह सब ही ब्रह्म है, सबकुछ ही आत्मा में अवस्थित है और आत्मा सबमें अवस्थित है। स्वयंभू आत्मा से ही सब पदार्थ और जीव हैं; प्राण भी ब्रह्म है, प्राण-शक्ति ही हमारे जीवन का असली आधार है। प्राण देवता वायु व्यक्त एवं प्रत्यक्ष ब्रह्म है, 'प्रत्यक्ष ब्रह्म' परंतु उपनिषद् ने यह भी बलपूर्वक कहा कि मनुष्य की वर्तमान जीवन-प्रणाली ही उच्चतम या पूर्ण नहीं है; उसका बाह्य मन और प्राण ही उसकी संपूर्ण सत्ता नहीं है; सिद्ध और पूर्ण होने के लिए उसे अपने भौतिक और मानसिक अज्ञान को अतिक्रम कर आध्यात्मिक आत्म-ज्ञान में वर्धित होना होगा।

—भारतीय संस्कृति के आधार, पृ. 218-219

❋ ❋ ❋

वैदिक शिक्षा

वैदिक शिक्षा की सबसे महान् शक्ति इस बात में थी, जिसने इसे सभी परवर्ती भारतीय दर्शनों, धर्मों और योग-पद्धतियों का मूल स्रोत बना दिया, उसे किसी प्रकार मनुष्य के आंतरिक जीवन पर प्रयुक्त किया जाता था।

—भारतीय संस्कृति के आधार, पृ. 176

❋ ❋ ❋

वैयक्तिक विकास

सम्मिलित कार्य भी हानि पहुँचा सकता है, यदि वैयक्तिक विकास की आवश्यकताओं को ध्यान में रखकर सबके हित के लिए प्रयत्न करने के स्थान पर, क्योंकि बिना वैयक्तिक विकास के किसी प्रकार का वास्तविक और स्थायी सर्वहित होना संभव नहीं है। वह समाज के अहंभाव पर व्यक्ति की बलि चढ़ा दे तथा अधिक पूर्ण रूप में उन्नत मानव-जाति के विकास के लिए जितने स्वतंत्र अवकाश और मौलिक शक्ति की आवश्यकता हो उसको रोक दे।

—मानव-एकता का आदर्श, पृ. 24

❋ ❋ ❋

वैराग्य

वैराग्य का थोड़ा-बहुत अंश हुए बिना कोई भी संस्कृति महान् एवं पूर्ण नहीं हो सकती, क्योंकि वैराग्य का अर्थ है आत्मत्याग और आत्मविजय, जिनके द्वारा मनुष्य अपने निम्न आवेगों का दमन करके अपनी प्रकृति के महत्तर शिखरों की ओर आरोहण करता है। भारतीय वैराग्यवाद न तो दुःख की विषादपूर्ण शिक्षा है और न अस्वास्थ्यकर कृच्छ साधना के द्वारा शरीर का दुःखदायी निग्रह है, बल्कि वह तो आत्मा के उच्चतर हर्ष एवं पूर्ण स्वामित्व की प्राप्ति के लिए एक उदात्त प्रयत्न है।

—भारतीय संस्कृति के आधार, पृ. 94

❊ ❊ ❊

वैराग्य के आदर्श को मैं मानव-जीवन की समस्या का अंतिम हल नहीं मानता। परंतु इसके अतिरंजित रूपों के पीछे भी प्राणात्मवादी अतिरंजनों की अपेक्षा, जो कि पश्चिमी संस्कृति के उस छोर के दोष हैं, कहीं महत्तर भावना विद्यमान है।

—भारतीय संस्कृति के आधार, पृ. 94

❊ ❊ ❊

व्यवस्था

व्यवस्था जीवन का नियम अवश्य है, पर कृत्रिम व्यवस्था नहीं। सच्ची व्यवस्था वह है, जो अंदर से प्रकट होती है, उस स्वभाव के परिणामस्वरूप जिसने अपने आपको पा लिया है और साथ ही जिसने अपने नियम एवं दूसरों के साथ अपने को भी प्राप्त कर लिया है। अतएव सबसे सच्ची व्यवस्था यह है, जो अधिकतम संभवनीय स्वाधीनता पर आधारित हो, क्योंकि स्वाधीनता ही सशक्त विविधता की, और साथ ही स्वप्राप्ति की शर्त है।

—मानव-एकता का आदर्श, पृ. 254

❊ ❊ ❊

शक्ति

जो शक्ति विश्व-प्रभुत्व की ओर बढ़ रही है, उसके विरुद्ध कभी-न-कभी प्रायः वे सभी शक्तियाँ एकत्रित हो जाएँगी, जो उसका सामना करने में समर्थ हैं, और साथ ही विश्व की सहानुभूति भी उनके पीछे रहेगी।

—मानव-एकता का आदर्श, पृ. 67

❊ ❊ ❊

निष्क्रिय शक्ति का कोई अर्थ नहीं। शक्ति हमेशा सक्रिय होती है। शक्ति केवल

स्थिर निष्क्रिय आधार पर ही कार्य कर सकती है, जैसे स्थूल जगत् में जड़ता के आधार पर कार्य करती है।

—*श्रीअरविंद के पत्र (चतुर्थ भाग), पृ. 129-130*

❋ ❋ ❋

प्रत्येक कर्म के पीछे एक शक्ति होती है, जो उस क्रिया के उपयुक्त ढंग से ही कार्य करती है। क्रिया करने के लिए आवश्यक होने के कारण वह इन सब नानाविध रूपों को धारण करती है, किंतु है यह एक ही शक्ति।

—*श्रीअरविंद के पत्र (चतुर्थ भाग), पृ. 103*

❋ ❋ ❋

बल का अर्थ है सामर्थ्य और शक्ति, जो व्यक्ति को सब संभव घटनाओं का सामना करने, उनके सामने टिके रहने और उन्हें जीतने में एवं भागवत संकल्प की अभिमत वस्तुओं को चरितार्थ करने में भी समर्थ बनाती है। यह मनुष्यों, घटनाओं, परिस्थितियों और साधनों पर अधिकार इत्यादि बहुत सी वस्तुओं को अपने में समाविष्ट कर सकती है।

—*श्रीअरविंद के पत्र (चतुर्थ भाग), पृ. 103*

❋ ❋ ❋

शक्ति पाने के लिए खींचतान नहीं होनी चाहिए, कोई अहंकार नहीं होना चाहिए। जो शक्ति या शक्तियाँ आती हैं, उन्हें अपनी नहीं बल्कि भगवान् की उद्देश्य-सिद्धि के लिए भगवान् की देन समझना चाहिए। इस विषय में सावधान रहना चाहिए कि कहीं उनकी महत्त्वाकांक्षा या स्वार्थ के लिए दुर्व्यवहार न हो, किसी प्रकार का अभिमान या मिथ्याभिमान न रहे, कोई बड़प्पन की भावना, कोई यंत्र बनाने की चाह या अहंकार न हो, बल्कि केवल यह भावना रहे कि किसी भी तरह प्रकृति एक सरल और शुद्ध चैत्य कारण बन जाए, जिससे वह भगवान् की सेवा के योग्य हो।

—*श्रीअरविंद के पत्र (द्वितीय भाग), पृ. 176*

❋ ❋ ❋

शक्ति संकल्प को आगे लाकर उसका उपयोग कर सकती है।

—*श्रीअरविंद के पत्र (चतुर्थ भाग), पृ. 720*

❋ ❋ ❋

शांति

यदि तुम शांति प्राप्त कर लो तो प्राण को शुद्ध करना आसान हो जाता है।

यदि तुम केवल शुद्ध और शुद्ध ही करते रहो और अन्य भी न करो तो तुम बहुत धीरे-धीरे आगे बढ़ोगे, क्योंकि प्राण फिर गंदा होता जाएगा और उसे तुम्हें सैकड़ों बार शुद्ध करना होगा। शांति एक ऐसी चीज है, जो अपने आप में शुद्ध है, अतएव उसे प्राप्त करना अपने उद्देश्य को सिद्ध करने का निश्चित पथ है। केवल गंदगी को देखना और उसे साफ करते रहना अभावात्मक पथ है।

—श्रीअरविंद के पत्र (द्वितीय भाग), पृ. 451

❋ ❋ ❋

शांति गहरी अचंचलता है, जहाँ कोई विक्षोभ नहीं आ सकता। ऐसी अचंचलता है, जिसमें सुप्रतिष्ठित सुरक्षा और मुक्ति का बोध होता है।

—श्रीअरविंद के पत्र (द्वितीय भाग), पृ. 138

❋ ❋ ❋

शांति मुक्ति का चिह्न है। आनंद सिद्धि की ओर जाता है।

—श्रीअरविंद के पत्र (द्वितीय भाग), पृ. 140

❋ ❋ ❋

शांति स्थिरता की अपेक्षा अधिक भावात्मक स्थिति है। एक अभावात्मक स्थिरता भी हो सकती है, जो विक्षोभ या उपद्रव का महज अभाव है; परंतु शांति सर्वदा ही कोई भावात्मक वस्तु होती है, जो स्थिरता की तरह केवल मुक्ति का बोध नहीं ले आती बल्कि एक विशेष प्रकार की प्रसन्नता अथवा स्वयं आनंद ले आती है।

❋ ❋ ❋

शिक्षा

भाव और श्रद्धा, सज्ञान कर्म, अनासक्त कर्म जिस देश की शिक्षा का मूलमंत्र है, उसी देश में अंतर और बाह्य के प्राच्य और पाश्चात्य के एकीकरण द्वारा समाज, अर्थनीति, राजनीति की सभी समस्याओं की संतोषजनक मीमांसा कार्यतः हो सकती है।

—बँगला रचनाएँ, पृ. 207

❋ ❋ ❋

शुभ और अशुभ

शुभ और अशुभ के मानव-मूल्य उसके सत्य और भ्रांति के मूल्यों की तरह ही वास्तव में अनिश्चित और सापेक्ष हैं: किसी स्थान या समय में जिसे सत्य माना

जाता है, उसे अन्य स्थान या समय में भूल माना जाता है। जिसे शुभ माना जाता है, उसे अन्यत्र या अन्य समय अशुभ माना जाता है।

—दिव्य जीवन-2, पृ. 348

❋ ❋ ❋

शून्यता

मस्तिष्क में शून्यता और विशालता का होना एक बहुत अच्छा लक्षण है। यह एक अवस्था है, जिससे सीधें विश्वगत चेतना में और ऊपर की ओर आत्मा तथा मस्तक से ऊपर उच्चतर आध्यात्मिक मन में उद्‌घाटन होता है।

—श्रीअरविंद के पत्र (चतुर्थ भाग), पृ. 72

❋ ❋ ❋

श्रद्धा

किसी प्रकार के निरुत्साह को अपने ऊपर न आने दो और भागवत कृपा शक्ति पर किसी प्रकार का अविश्वास न रखो। जो भी कठिनाइयाँ तुम्हारे बाहर हों, जो भी दुर्बलताएँ तुम्हारे अंदर हों, यदि तुम अपनी श्रद्धा और अपनी अभीप्सा पर दृढ़ता-पूर्वक डटे रहो तो गुह्य शक्ति तुम्हें निकाल ले जाएगी और वहाँ वापस ले आएगी। यदि तुम विरोधी और कठिनाइयों से दबे हुए हो, यदि तुम लड़खड़ाते हो, यदि तुम्हारे लिए मार्ग बंद प्रतीत होता है तो भी अपनी अभीप्सा को पकड़े रहो, यदि कुछ समय के लिए श्रद्धा मेघाच्छन्न हो गई है तो मन और हृदय से हमारी ओर मुड़ो और बादल दूर हो जाएँगे।

—श्रीअरविंद के पत्र (द्वितीय भाग), पृ. 79

❋ ❋ ❋

जो कर्म बिना श्रद्धा के किया जाता है अर्थात् इस प्रकार किया जाता है कि उसमें हमारा कोई पूर्ण सचेतन विचार, स्वीकृति एवं संकल्प नहीं होता और फिर भी प्रकृति जिसे हमसे बरबस करवाती है, वह तामसिक यज्ञ है। वह यंत्रवत् किया जाता है, क्योंकि जीवन-धारण के लिए उसे करना आवश्यक होता है, क्योंकि वह हमारे सामने आ उपस्थित होता है, और क्योंकि दूसरे लोग करते हैं।

—गीता-प्रबंध, पृ. 509

❋ ❋ ❋

मानसिक श्रद्धा संदेह का विरोध करती है और यथार्थ ज्ञान की ओर उद्‌घाटित होने में सहायता करती है, प्राणिक श्रद्धा विरोधी शक्तियों के आक्रमणों को रोकती

या उन्हें हराती है तथा यथार्थ आध्यात्मिक संकल्प और कर्म की ओर खुलने में सहायता करती है, भौतिक श्रद्धा मनुष्य को समस्त भौतिक अंधता, तामसिकता या दुःख-क्लेश के भीतर स्थिर बनाए रखती है तथा यथार्थ चेतना के आधार की ओर खुलने में सहायता करती है, चैत्य श्रद्धा भगवान् के प्रत्यक्ष स्पर्श को खोल देती है तथा एकत्व एवं समर्पण-भाव ले आने में सहायता करती है।

—श्रीअरविंद के पत्र (द्वितीय भाग), पृ. 67

❊ ❊ ❊

यदि तुम यह सदा ही श्रद्धा और सच्चाई के साथ करो तो तुम अपने अंदर किसी ऐसी वस्तु को खुलते हुए पाओगे, जो सभी बाहरी विक्षोभों के होते हुए भी हमेशा स्थिर और शांत रहे।

—श्रीअरविंद के पत्र (चतुर्थ भाग), पृ. 730

❊ ❊ ❊

यदि व्यक्ति में श्रद्धा हो और वह उद्घाटित भी हो, तो इतना पर्याप्त है।

—श्रीअरविंद के पत्र (चतुर्थ भाग), पृ. 182

❊ ❊ ❊

श्रद्धा एक ऐसी वस्तु है, जिसे मनुष्य प्रमाण या ज्ञान से पहले अपनाता है और यह ज्ञान या अनुभूति पर पहुँचने में सहायता पहुँचाती है। इस बात का कोई प्रमाण नहीं है कि ईश्वर का अस्तित्व है, पर मुझे यदि ईश्वर में विश्वास हो तो मैं भगवान् का अनुभव प्राप्त कर सकता हूँ।

—श्रीअरविंद के पत्र (द्वितीय भाग), पृ. 68

❊ ❊ ❊

श्रद्धा एक ऐसी वस्तु है, जो ज्ञान से पहले आती है, ज्ञान के बाद नहीं आती। यह सत्य की एक ऐसी झाँकी है, जिसे मन ने अभी तक ज्ञान के रूप में नहीं पकड़ा है।

—श्रीअरविंद के पत्र (द्वितीय भाग), पृ. 73

❊ ❊ ❊

श्रद्धा का मतलब है, जिसे मनुष्य अपनी तथा जगत् की सत्ता के सत्य के रूप में देखता या समझता है, उस पर विश्वास करने तथा उसके अनुसार जीवन-यापन करने का संकल्प।

—गीता-प्रबंध, पृ. 503

❊ ❊ ❊

श्रद्धा और विश्वास

श्रद्धा-विश्वास अनुभव पर नहीं निर्भर करता, वह तो एक ऐसी चीज है, जो अनुभव के पहले से विद्यमान रहती है। जब कोई योग आरंभ करता है तो वह साधारणतया अनुभव के बल पर नहीं आरंभ करता, बल्कि श्रद्धा-विश्वास के बल पर करता है। यह बात केवल योग और आध्यात्मिक जीवन के लिए ही नहीं वरन् साधारण जीवन के लिए भी ऐसी ही है। सभी कर्मशील व्यक्ति, ज्ञान के आविष्कर्ता, उद्घाटक और स्रष्टा श्रद्धा-विश्वास से ही आरंभ करते हैं और जब तक प्रमाण नहीं मिल जाता या कार्य पूरा नहीं हो जाता, तब तक वे निराशा, असफलता, प्रमाणाभाव, अस्वीकृति के बावजूद भी अपना प्रयास जारी रखते हैं, क्योंकि उनमें एक चीज ऐसी होती है, जो उनसे कहती है कि यही सत्य है, यही वह चीज है, जिसका अनुसरण करना होगा और जिसे पूरा करना होगा।

—श्रीअरविंद के पत्र (द्वितीय भाग), पृ. 68-69

❋ ❋ ❋

श्रद्धा और साहस

जो भी विरोधी वस्तुएँ उपस्थित हों, तुम्हें साहस के साथ उनका सामना करना चाहिए, वे विलुप्त हो जाएँगी और सहायता प्राप्त होगी। श्रद्धा और साहस वे सच्चे भाव हैं, जिन्हें सर्वदा जीवन और कर्म में तथा आध्यात्मिक अनुभव में भी बनाए रखना चाहिए।

—श्रीअरविंद के पत्र, पृ. 80

❋ ❋ ❋

श्री माँ

अपनी कठिनाइयों पर सोच-विचार मत करते रहो। उन्हें माताजी पर छोड़ दो और उनकी शक्ति को अपने अंदर कार्य करने दो, जिससे वह उन्हें तुम्हारे अंदर से बाहर निकाल दे।

—श्री माताजी के विषय में, पृ. 315

❋ ❋ ❋

अपने अंदर माताजी की शक्ति को काम करने दो, पर किसी मिलावट या उसका स्थान ग्रहण करनेवाली किसी दूसरी चीज से, वह चाहे अहंकार की कोई अतिरंजित क्रिया हो या दिव्य सत्य के रूप में सामने आनेवाली कोई अज्ञान की शक्ति, बचने

के लिए सावधान रहो। प्रकृति के अंदर से सब प्रकार के अंधकार और अचेतना के दूर होने के लिए विशेष रूप से अभीप्सा करो।

—श्री माताजी के विषय में, पृ. 90

अपने आपको माताजी की ओर खोले रखो और उनके साथ पूर्ण एकता बनाए रहो। अपने को उनके स्पर्श के प्रति पूर्ण रूप से नमनीय बना दो और उन्हें तुम पूर्णता की ओर वेगपूर्वक गढ़ने दो।

—श्री माताजी के विषय में, पृ. 82

❋ ❋ ❋

जो लोग पूरी सच्चाई के साथ माताजी के लिए कार्य करते हैं, वे स्वयं कार्य के द्वारा ही समुचित चेतना प्राप्त करने के लिए तैयार किए जाते हैं, भले ही वे ध्यान करने के लिए न बैठें अथवा योग का कोई विशेष अभ्यास न करें। अगर तुम अपने कर्म में और सब समय सच्चे बने रहो और अपने आप को माताजी के प्रति खोले रखो तो जो कुछ आवश्यक है वह अपने आप ही आएगा।

—श्री माताजी के विषय में, पृ. 167

❋ ❋ ❋

भगवती माता भगवान् की चित्त शक्ति हैं, जो समस्त वस्तुओं की जननी हैं।

—श्री माताजी के विषय में, पृ. 19

❋ ❋ ❋

श्री माँ भगवान् की चेतना और शक्ति हैं अथवा यह कहा जा सकता है कि वे चित्तशक्ति रूप में स्वयं भगवान् ही हैं। विश्व के स्वामी के रूप में ईश्वर श्री माँ के अंदर से प्रकट होते हैं और श्री माँ उनकी बगल में विश्व-शक्ति के रूप में अपना स्थान ग्रहण करती हैं, विराट् ईश्वर भगवान् का एक रूप है।

—श्री माताजी के विषय में, पृ. 19

❋ ❋ ❋

संकल्प

संकल्प अपने को स्वयं क्रियान्वित कर सकता है। वह स्वभाव से ही एक शक्ति या ऊर्जा है।

—श्रीअरविंद के पत्र (चतुर्थ भाग), पृ. 721

❋ ❋ ❋

संकल्प अपने स्वभाव से ही गतिशील होता है। यदि वह संघर्ष या प्रयत्न

न भी करे तो भी स्वयं उसकी उपस्थिति ही गतिशील होती है और प्रतिरोध पर सक्रिय रूप से कार्य करती है।

—श्रीअरविंद के पत्र (चतुर्थ भाग), पृ. 19

❋ ❋ ❋

संकल्प के बिना दृढ़ता या अटलता नहीं आ सकती।

—श्रीअरविंद के पत्र (चतुर्थ भाग), पृ. 720

❋ ❋ ❋

संकल्प तो संकल्प ही है, चाहे यह स्थिर हो या चंचल, चाहे यह योग-संबंधी लक्ष्य के लिए यौगिक ढंग से कार्य करता हो या अयौगिक ढंग से। क्या यह समझते हो कि नेपोलियन और सीजर में कोई संकल्प-बल नहीं था या वे योगी थे? वस्तुओं के संबंध में तुम्हारे विचार बड़े विचित्र हैं। ऐसे तो तुम यह भी कह सकते हो कि स्मरण-शक्ति तभी स्मरण-शक्ति होती है, जब केवल यह भगवान् का स्मरण करती है और तब स्मरण-शक्ति नहीं रहती, जब वह दूसरी चीजों को याद करती है।

—श्रीअरविंद के पत्र (चतुर्थ भाग), पृ. 721

❋ ❋ ❋

संकल्प वह ऊर्जा है, जो क्रिया को प्रेरित करती है या गलत क्रिया रोकती है।

—श्रीअरविंद के पत्र (चतुर्थ भाग), पृ. 720

❋ ❋ ❋

संघर्ष

संघर्ष ही अंतिम एवं आदर्श अवस्था नहीं है, क्योंकि आदर्श अवस्था तो तब आ जाती है, जब विविध संस्कृतियाँ अपने पृथक्-पृथक् विशिष्ट उद्देश्यों का विकास स्वतंत्रतापूर्वक, घृणा एवं गलतफहमी के बिना अथवा एक-दूसरे पर आक्रमण किए बिना और यहाँ तक कि ऐक्य की आधारभूत भावना के साथ करती हैं। परंतु जब तक संघर्ष के तत्त्व का राज्य है, तब तक मनुष्य को हीनतर नियम का ही सामना करना होगा।

—भारतीय संस्कृति के आधार, पृ. 5

❋ ❋ ❋

संदेह

संदेहों को दूर करने का अर्थ है अपने विचारों को संयमित करना। अपने विचारों

को संयमित करना उतना ही आवश्यक है जितना कि प्राणगत कामनाओं और आवेगों को संचयित करना अथवा अपने शरीर की गतिविधि को संयमित करना।

—श्रीअरविंद के पत्र (चतुर्थ भाग), पृ. 188

❋ ❋ ❋

संभोग

संभोग-क्रिया में कोई 'आनंद' नहीं है। यह अनिवार्यत: और केवल क्षणिक उत्तेजना और सुखोपभोग ही हो सकता है, जो शरीर के जर्जर होने के साथ अंत में स्वयं भी जीर्ण हो जाता है।

—श्रीअरविंद के पत्र (चतुर्थ भाग), पृ. 487

❋ ❋ ❋

संस्कृत साहित्य

संस्कृत का विपुल साहित्य मानव-जीवन का ही साहित्य है; यह ठीक है कि कुछ एक दार्शनिक और धार्मिक कृतियाँ जीवन के त्याग का प्रतिपादन करती हैं, किंतु ये भी साधारणत: इसके मूल्य की अवज्ञा नहीं करतीं।

—भारतीय संस्कृति के आधार, पृ. 88

❋ ❋ ❋

संस्कृत भाषा की प्राचीन एवं उच्चकोटिक रचनाएँ अपने गुण तथा उत्कर्ष के स्वरूप एवं बाहुल्य दोनों में शक्तिशाली मौलिकता, ओजस्विता और सुंदरता में अपने सारतत्त्व, कौशल और गठन में वाक्शक्ति के वैभव, औचित्य और आकर्षण में और अपनी भावना के क्षेत्र में उच्चता और विशालता में अत्यंत स्पष्टत: ही विश्व के महान् साहित्य के बीच अग्रपंक्ति में प्रतिष्ठित हैं। निर्णय देने योग्य व्यक्तियों ने सर्वत्र ही यह स्वीकार किया है कि स्वयं संस्कृत भाषा भी मानव-मन के द्वारा विकसित किए हुए अत्यंत महान् अत्यंत पूर्ण अद्‍भुत रूप से समर्थ साहित्यिक साधनों में से एक है, जो एक साथ ही भव्य, मधुर एवं नमनीय है। ओजस्वी, व्युत्पन्न, समृद्ध, स्पंदनशील एवं सूक्ष्म भी है और इसका गुण एवं स्वरूप अपने आप में, इस बात का पर्याप्त प्रमाण होना चाहिए कि जिस जाति के मानस को इसने व्यक्त किया है एवं जिस संस्कृति को प्रतिबिंबित करने के लिए इसने एक माध्यम का काम किया है, उसका गुण और वैशिष्ट्य क्या था?

—भारतीय संस्कृति के आधार, पृ. 307

❋ ❋ ❋

संस्कृति

किसी जाति की संस्कृति उसकी जीवन-विषयक चेतना की अभिव्यक्ति करती है। उसका एक रूप होता है। विचार, आदर्श, ऊर्ध्वमुख संकल्प और आत्मिक अभीप्सा दूसरा रूप है, सर्जनशील आत्म-अभिव्यंजना की शक्ति और गुणग्राही सौंदर्य-बोध का मेधा और कल्पना का; और तीसरा होता है गुणग्राही सौंदर्य रूप-संघटन का।

—भारतीय संस्कृति के आधार, पृ. 66

❋ ❋ ❋

किसी संस्कृति के जीवन-मूल्य की जाँच करने के लिए ही उसकी तीन शक्तियों को अच्छी तरह समझ लेना चाहिए। उनमें से पहली है, जीवन-विषयक उसके मौलिक विचार की शक्ति; दूसरी है उन रूपों, आदर्शों और गतिछंदों की शक्ति, जो उसने जीवन को प्रदान किए है; अंतिम है उसके उद्देश्यों की प्राणवंत कार्यान्विति के लिए प्रेरणा, उत्साह और शक्ति जो उसके प्रभाव में फलने-फूलने वाले मनुष्यों के तथा समाज के वास्तविक जीवनों में प्रकट होती है।

—भारतीय संस्कृति के आधार, पृ. 318

❋ ❋ ❋

कोई भी संस्कृति मनुष्य के लिए स्थायी और पूर्ण रूप से उपयोगी तभी हो सकती है, जबकि वह उसे समस्त पार्थिव जीवन-मूल्यों के अतिक्रमणार्थ एक प्रकार का दुर्लभ एवं विश्वातीत ऊर्ध्वमुख प्रवेग देने के अतिरिक्त कुछ और भी प्रदान करे। इसे पुरातन, परिपक्व और परोपकारी समाज की चिरस्थायिता और व्यवस्थित सुख-समृद्धि का ज्ञान, विज्ञान और दार्शनिक जिज्ञासा के महान् कौतूहल के द्वारा या कला, काव्य और स्थापत्य की समृद्ध ज्योति एवं प्रभा के द्वारा विभूषित करने से भी अधिक कुछ करना होगा।

—भारतीय संस्कृति के आधार, पृ. 116

❋ ❋ ❋

जो संस्कृति अपनी जीवंत पृथकता को त्याग देगी, जो सभ्यता अपनी सक्रिय प्रतिरक्षा की उपेक्षा करेगी, वह दूसरों के द्वारा निगल ली जाएगी और जो राष्ट्र इसके सहारे जीता था, वह अपनी आत्मा को खोकर विनष्ट हो जाएगा।

—भारतीय संस्कृति के आधार, पृ. 6

❋ ❋ ❋

सांस्कृतिक विकास भौतिक विकास को लाता है अथवा उसकी वृद्धि का कारण

होता है, किंतु साथ ही इसे उसकी इसलिए भी आवश्यकता होती है कि यह स्वयं पूर्ण और स्वस्थ शक्ति के साथ फले-फूले। मानव-जगत् की शंति, समृद्धि और स्थिर व्यवस्था एक ऐसी महान् विश्व-संस्कृति है, जिसमें समस्त मनुष्य-जाति अवश्यमेव एक हो जाएगी, आधार के रूप में अत्यंत वांछनीय वस्तु है।

—मानव-एकता का आधार, पृ. 262

✻ ✻ ✻

संस्कृति और सभ्यता

सच पूछो तो वास्तविक और पूर्ण सभ्यता अभी खोजे जाने की प्रतीक्षा कर रही है; क्योंकि मनुष्य-जाति के जीवन में आज भी दस में से नौवाँ हिस्सा तो बर्बरता का है और केवल एक हिस्सा ही संस्कृति है।

—भारतीय संस्कृति के आधार, पृ. 49

✻ ✻ ✻

संस्कृति : भारतीय/पाश्चात्य

वैदांतिक विचार ने और भारतीय संस्कृति के प्राचीन सर्वोत्कृष्ट युगों के विचारों ने मानव-जीवन को जो गरिमा प्रदान की है, वह मानवता-विषयक पश्चिमी विचार की किसी भी परिकल्पना से कहीं बढ़कर थी। पश्चिम में मनुष्य सदा ही प्रकृति का एक क्षणिक जीवमात्र रहा है अथवा वह एक ऐसी आत्मा रहा है, जिसे जन्म के समय मनमौजी सृष्टा अपनी मनमानी इच्छा के द्वारा रचता है और मोक्ष पाने के लिए सर्वथा प्रतिकूल अवस्थाओं में रखता है, पर कहीं पर अधिक संभावना यही होती है कि उसे एक नितांत असफल व्यक्ति की भाँति नरक के जलते हुए कूड़े के ढेर में फेंक दिया जाए। अधिक-से-अधिक उसे यही श्रेय प्राप्त है कि उसमें एक तर्क-वितर्क करनेवाला मन और संकल्प-शक्ति है और ईश्वर या प्रकृति ने उसे जैसा बनाया है, उससे अच्छा बनने का वह प्रयास करता है। परंतु भारतीय संस्कृति ने हमारे सामने जो परिकल्पना रखी है, वह इसमें कहीं अधिक उन्नतिकारी एवं प्रेरणाप्रद है और साथ ही एक महान् विचार की प्रेरक शक्ति से परिपूर्ण है। भारतीय विचार के अनुसार मनुष्य की एक अध्यात्म सत्ता है, जो शक्ति के कार्यों में छपी हुई है। आत्म-उपलब्धि की ओर बढ़ रही है और देवत्व को प्राप्त करने में समर्थ है।

—भारतीय संस्कृति के आधार, पृ. 122

✻ ✻ ✻

सच्चाई

सच्चाई और विश्वासपात्रता ऐसे गुण नहीं है, जिनके लिए मनुष्य को योग ही करना पड़े। वह बहुत सीधी-सादी चीजें हैं, जिन्हें सत्य की अभीप्सा करने वाले किसी भी पुरुष या स्त्री को प्राप्त करने में समर्थ होना चाहिए।

—श्री माताजी, पृ. 90

✻ ✻ ✻

सत्य

जब मन स्थिर हो जाता है, तब सत्य को अपना अवसर मिलता है कि वह नीरवता की पवित्रता में सुनाई दे सके।

—पुनर्जन्म और क्रम-विकास, पृ. 185

✻ ✻ ✻

सत्यता

सच्चाई का अर्थ है भगवान् की ओर संपूर्णतः मुड़ना और केवल दिव्य प्रेरणाओं को स्वीकार करना, इसका अर्थ ऐसा होने के लिए सच्ची और अनवरत पुकार या प्रयत्न भी होता है।

—दिव्य जीवन, पृ. 307

✻ ✻ ✻

भाषण में सत्यता और विचार में सत्यता बहुत महत्त्वपूर्ण है। जितना ही अधिक तुम यह अनुभव करोगे कि मिथ्यात्व अपना अंश नहीं है, वह बाहर से तुम्हारे अंदर आता है, उतना ही अधिक उसका त्याग करना और उसे अस्वीकार करना तुम्हारे लिए आसान हो जाएगा।

—श्रीअरविंद के पत्र (द्वितीय भाग), पृ. 149

✻ ✻ ✻

सदाचारी

मनुष्य को सर्वप्रथम सुकृति, सदाचारी होना चाहिए और तब आचार-धर्म में ही अटके न रहकर ऊपर की ओर अध्यात्म-प्रकृति के उस प्रकाश, विशालता और शक्ति की ओर आगे बढ़ना चाहिए, जहाँ वह द्वंद्वों की पकड़ और उसके मोह के परे पहुँच जाता है। तब वह अपने वैयक्तिक हित या सुख की खोज नहीं करता, न अपने वैयक्तिक दुःख या पीड़ा से मुँह मोड़ता है। *—गीता-प्रबंध, पृ. 291*

✻ ✻ ✻

सनातन धर्म

सनातन धर्म में अनेक गौण धर्म निहित हैं, सनातन का अवलंबन कर परिवर्तनशील महान् और क्षुद्र नानाविध धर्म अपने-अपने कर्म में प्रवृत्त होते हैं। सब तरह के धर्म-कर्म हैं—स्वभावसृष्टि। सनातन धर्म जगत् के सनातन स्वभाव पर आश्रित है और यह नाना धर्म हैं नानाविध आधारगत स्वभाव के फल। व्यक्तिगत धर्म, राष्ट्र-धर्म, वर्णाश्रित धर्म, युगधर्म इत्यादि हैं नाना धर्म। ये अनित्य हैं, इसलिए उपेक्षणीय व वर्जनीय नहीं, बल्कि इन्हीं अनित्य परिवर्तनशीन धर्मों द्वारा सनातन धर्म विकसित और अनुष्ठित होता है। व्यक्तिगत धर्म, राष्ट्र-धर्म, वर्णाश्रित धर्म, युगधर्म परित्याग करने से सनातन धर्म की पुष्टि न हो इससे अधर्म की ही वृद्धि होती है।

—बँगला रचनाएँ, पृ. 153

❋ ❋ ❋

सभ्यता

साधारण लोकप्रचलित दृष्टि के अनुसार सभ्यता का अर्थ एक ऐसे नागरिक सभ्य समाज की अवस्था है, जिसमें शासन है, रक्षा का प्रबंध है, जो संगठित है, शिक्षित है, ज्ञान एवं साधन-संपन्न है।

—मानव-चक्र, पृ. 95

❋ ❋ ❋

समझ

समझ दो प्रकार की होती है—बुद्धि से प्राप्त होनेवाली समझ और चेतना में होनेवाली समझ।

—श्रीअरविंद के पत्र (चतुर्थ भाग), पृ. 182

❋ ❋ ❋

समझौता

समझौता एक ऐसा सौदा होता है, जो दो विरोधी शक्तियों के स्वार्थों के बीच का व्यापार होता है, वह सच्चा मेल नहीं होता।

—दिव्य जीवन, पृ. 30-31

❋ ❋ ❋

समता

समता का अर्थ अहं का अभाव नहीं, किंतु कामना और आसक्ति का अभाव

है। अहंभाव विलीन हो सकता है या सूक्ष्म होकर या साधन रूप में रह सकता है। यह व्यक्ति पर निर्भर करता है।

—श्रीअरविंद के पत्र (चतुर्थ भाग), पृ. 321

❋ ❋ ❋

समता का अर्थ है अचंचल और स्थिर मन और प्राण। इसका अर्थ घटित होने वाली या कही गई या तुम्हारे प्रति की गई वस्तुओं से स्पष्ट या विचलित न होना, बल्कि उनकी ओर सीधी नजर से देखना, व्यक्तिगत भावना द्वारा सृष्टि-विकृतियों से मुक्त रहना और उस चीज को समझने का प्रयास करना जो उसके पीछे विद्यमान हों, यह समझना कि वे क्यों घटित होती हैं, उनसे क्या शिक्षा लेनी चाहिए, हमारे अंदर ऐसी कौन सी चीज है, जिसके विरुद्ध वे विक्षिप्त की गई हैं, और उनसे कौन सा आंतरिक लाभ उठाया जा सकता है या उनकी सहायता से कौन सी प्रगति की जा सकती है।

—श्रीअरविंद के पत्र (चतुर्थ भाग), पृ. 158-159

❋ ❋ ❋

समता के बिना साधन में सुदृढ़ प्रतिष्ठा नहीं हो सकती। परिस्थिति चाहे जितनी भी अप्रिय हो, दूसरों का व्यवहार चाहे जितना भी नापसंद हो, तुम्हें पूर्ण स्थिरता के साथ तथा किसी प्रकार की क्षोभ उत्पन्न करनेवाली प्रतिक्रिया के बिना उन्हें ग्रहण करना सीखना चाहिए। इन्हीं चीजों से समता की परीक्षा होती है। जब सबकुछ अच्छी तरह चलता रहता है और सभी मनुष्य तथा परिस्थितियाँ अनुकूल होती है, परंतु जब ये सब विपरीत हो जाते हैं तभी स्थिरता, शांति और समता की पूर्णतः जाँच की जा सकती है, तभी उन्हें दृढ़तर और पूर्णतर बनाया जा सकता है।

—श्रीअरविंद के पत्र (द्वितीय भाग), पृ. 260

❋ ❋ ❋

समता से आसक्ति नष्ट होती है, राग-द्वेष प्रशमित होता है और आसक्ति का नाश तथा रागद्वेष का प्रशमन होने से शुद्धता उत्पन्न होती है। शुद्ध पुरुष का भोग कामना और आसक्ति से रहित होता है, अतएव शुद्ध होता है। इसी कारण समता ही यह विशेषता है कि समता के साथ आसक्ति और राग-द्वेष एक ही आधार में साथ-साथ नहीं रह सकते। समता ही है शुद्धि का बीज।

—बँगला रचनाएँ, पृ. 134

❋ ❋ ❋

समर्पण

गुरु के प्रति समर्पण को सब समर्पणों से श्रेष्ठ समर्पण कहा गया है, क्योंकि उसके द्वारा तुम केवल निराकार को ही नहीं, बल्कि साकार को, केवल अपने अंदर विद्यमान भगवान् को ही नहीं बल्कि अपने बाहर विद्यमान भगवान् को समर्पण करते हो; उससे तुम्हें अपनी आत्मा में पीछे हटकर ही नहीं जहाँ कि अहंभाव है ही नहीं, बल्कि अपनी व्यक्तिगत प्रकृति में भी जहाँ कि वह शासन करता है, अहं को अतिक्रम करने का सुयोग प्राप्त होता है।

—*श्रीअरविंद के पत्र (द्वितीय भाग), पृ. 111*

❋ ❋ ❋

भगवान उन लोगों को अपने आपको देते हैं, जो बिना कुछ बचाए और अपनी सत्ता के सभी अंगों में अपने-आपको भगवान् के हाथों में अर्पित कर देते हैं। उन्हीं के लिए हैं शांति, ज्योति, शक्ति, आनंद, स्वतंत्रता, विशालता, ज्ञान की ऊँचाइयाँ और आनंद के सागर।

—*श्रीअरविंद के पत्र (द्वितीय भाग), पृ. 32*

❋ ❋ ❋

समर्पण का अर्थ है अपने आपको भगवान् के हाथों में सौंप देना। मनुष्य जो कुछ है या उसके पास जो कुछ है, सब भगवान् को दे देना और किसी चीज को अपना निजी न समझना; अन्य किसी की इच्छा का नहीं, केवल भगवान् की इच्छा का अनुसरण करना; अहंकार के लिए नहीं बल्कि भगवान् के लिए जीवन-यापन करना।

—*श्रीअरविंद के पत्र (द्वितीय भाग), पृ. 81*

❋ ❋ ❋

समष्टि-बोध

हमारी चेतना के विस्तार को यदि संतोषप्रद होना है तो उसे अवश्य ही व्यष्टि से उठकर विश्व-सत्ता के अंदर एक आंतरिक प्रसारण होना होगा।

—*दिव्य जीवन, पृ. 24*

❋ ❋ ❋

समस्याएँ

जीवन की सारी समस्याएँ सार रूप में सामंजस्य की समस्याएँ हैं। समस्याओं का उद्गम होता है किसी ऐसे असामंजस्य के बोध से, जिसका समाधान न हुआ हो और इस सहज प्रेरणा से कि ऐसा कोई सामंजस्य या एकत्व है, जिसका अभी

तक अन्वेषण नहीं हुआ है। किसी असामंजस्य का समाधान किए बिना संतोष मान लेना मनुष्य के व्यावहारिक और अधिक पशु-भावापन्न अंग के लिए तो संभव है, किंतु उसके पूरी तरह जाग्रत् मन के लिए असंभव है।

—दिव्य जीवन, पृ. 2

* * *

समाज

जो समाज-संघटन हमारे कुछ मनुष्य भाइयों और देशवासियों की अवनति का स्थायी नियम बनाकर ही जीवित रह सकता है, वह स्वयमेव दूषित ठहरता है और क्षीण एवं अस्त-व्यस्त होना ही उसके भाग्य में बदा होता है।

—भारतीय संस्कृति के आधार, पृ. 46-47

* * *

निश्चल स्थगित समाज मृत मनुष्यत्व की कब्र बन जाता है। जीवन के स्फुरण से, ज्ञान-शक्ति के विकास से समाज का भी रूपांतर अवश्यंभावी है। समाज-यंत्र में सहस्र बंधनों के अंदर असंख्य मनुष्यों को फेंककर कुचल डालने से निश्चलता और अवनति अनिवार्य है।

—बँगला रचनाएँ, पृ. 185

* * *

मनुष्य का जन्म समाज के लिए नहीं, समाज मनुष्य के लिए बना हुआ है। जो मनुष्य के अंतस्थ भगवान् को भूल समाज को बड़ा बना देते हैं, वे अपदेवता की पूजा करते हैं। अथवा समाज-पूजा मनुष्य-जीवन की कृत्रिमता का लक्षण है, स्वधर्म की विकृति है।

—बँगला रचनाएँ, पृ. 185

* * *

समाज उद्‌देश्य नहीं हो सकता, समाज साधन है, यंत्र है।

—बँगला रचनाएँ, पृ. 185

* * *

मनुष्य को बड़ा बनाओ, अंतःस्थ भगवान् जहाँ गुप्त रूप में विराज़मान है, उस मंदिर का सिंहद्वार खोल दो। समाज खुद ही महान् सर्वांग, सुंदर, उन्मुक्त उच्चाशय प्रयास का सफल क्षेत्र बन जाएगा।

—बँगला रचनाएँ, पृ. 186

* * *

समुदाय

समुदाय भी अपनी परिपूर्णता चाहता है, पर उसकी समष्टि-चेतना और उसके सामूहिक संगठन में कितनी भी शक्ति क्यों न हो, वह अपना विकास केवल व्यक्तियों के द्वारा ही कर सकता है।

—मानव-एकता का आदर्श, पृ. 153

❋ ❋ ❋

समुदाय व्यक्ति और मानवता के बीच की स्थिति है एवं वही महत्त्व रखता है, जो कि मध्यस्थ का होता है। इसका अस्तित्व केवल अपने लिए नहीं है, अपितु उन दोनों के लिए भी है और उनकी पारस्परिक परिपूर्ति में सहायता करने के लिए है।

—मानव-चक्र, पृ. 74

❋ ❋ ❋

समूहवादी आदर्श

जो समूहवादी आदर्श व्यक्ति को अनुचित रूप से अधीन बनाए रखना चाहते हैं, वे एक गतिहीन अवस्था की कल्पना करते हैं।

—मानव-एकता का आदर्श, पृ. 24

❋ ❋ ❋

सहायता

दूसरों की सहायता करने की भावना अहंभाव का ही एक सूक्ष्म रूप है। एकमात्र भगवान् ही सहायता कर सकते हैं। मनुष्य उनका यंत्र हो सकता है। परंतु तुमको सबसे पहले एक योग्य और अहंशून्य यंत्र बनाना सीखना होगा।

—श्रीअरविंद के पत्र (द्वितीय भाग), पृ. 324

❋ ❋ ❋

प्रत्येक व्यक्ति, जो वास्तव में सहायता करता है, वह यह नहीं सोचता कि वह सहायता कर रहा है। फिर सहायता के साथ 'प्रभाव' स्थापित करने का भाव जुड़ा हुआ हो तो वह प्रभाव मिश्रित हो सकता है और यदि यंत्र शुद्ध न हो तो सहायता और साथ ही हानि भी पहुँचा सकता है।

—श्रीअरविंद के पत्र (द्वितीय भाग), पृ. 324-325

❋ ❋ ❋

बिना हिचकिचाए मन और हृदय दोनों में दूसरे का मंगल चाहना ही सर्वोत्तम 'सहायता' है, जो मनुष्य दूसरे को दे सकता है।

—श्रीअरविंद के पत्र (द्वितीय भाग), पृ. 327

❋ ❋ ❋

मनुष्य बहुत अधिक लाभदायी रूप में जो कुछ कर सकता है, वह यह है कि यदि उसके पास शक्ति-सामर्थ्य है, तो वह अपनी शक्ति-सामर्थ्य दूसरे को दे दे; यदि उसके पास शांति है तो दूसरे पर शांति बरसा दे आदि। यह कार्य वह अपनी शक्ति या शांति खोए बिना कर सकता है, यदि ऐसा समुचित ढंग से किया जाए।

—श्रीअरविंद के पत्र (द्वितीय भाग), पृ. 326

❋ ❋ ❋

सांसारिक जीवन

संसार का जीवन स्वरूपतः अशांति का क्षेत्र है। इसके बीच सही विधि से चलते जाने के लिए अपने जीवन और अपने कर्म भगवान् को अर्पित करने होंगे और अंत:स्थ भगवान् को शांति के लिए प्रार्थना करनी होगी, जब मन अचंचल हो जाता है, तब यह अनुभव किया जा सकता है कि भगवती माता जीवन को अवलंब दे रही हैं और सबकुछ उनके हाथों सौंप दिया जा सकता है।

—दिव्य जीवन, पृ. 378

❋ ❋ ❋

साक्षात्कार

गहनतर और आध्यात्मिक अर्थ में एक ठोस साक्षात्कार वह है, जो किसी वस्तु को अधिक यथार्थ रूप में प्रत्यक्ष बनाता है, सक्रिय करता है, और जो चेतना के सामने भौतिक वस्तु की अपेक्षा अधिक घनिष्ठ रूप में दृष्टिगोचर होता है। सगुण या निर्गुण ब्रह्म का इस प्रकार का साक्षात्कार साधारणत: साधन के प्रारंभ में अथवा प्रारंभिक वर्षों में या लंबे समय तक नहीं होता।

—श्रीअरविंद के पत्र (द्वितीय भाग), पृ. 377

❋ ❋ ❋

सात्त्विक अहंकार

सात्त्विक अहंकार ज्ञान-प्रधान और सुख-प्रधान है। मुझे ज्ञान मिल रहा है, मुझे आनंद मिल रहा है, ये सब भाव सात्त्विक अहंकार की क्रिया के हैं। साधक का

अहं, भक्त का अहं, ज्ञानी का अहं, निष्काम कर्मी का अहं सत्त्व-प्रधान, ज्ञान-प्रधान, सुख-प्रधान है।

—श्रीअरविंद के पत्र (द्वितीय भाग), पृ. 345

❋ ❋ ❋

सात्त्विक कर्म

जिस कर्म को मनुष्य शांत भाव से बुद्धि और ज्ञान के निर्मल प्रकाश में न्याय या कर्तव्य-कर्म के संबंध में या किसी आदर्श की माँग के विषय में एक निर्वैयक्तिक भावना को लेकर संपन्न करता है, जिसे वह इस भाव से करता है कि यह एक करणीय कर्म है, भले ही इस लोग में या किसी अन्य लोक में उसे इसका कोई भी फल क्यों न प्राप्त हो, वह सात्त्विक कर्म है। *—गीता-प्रबंध, पृ. 525-526*

❋ ❋ ❋

वह बिना आसक्ति के, कर्म के, उत्साहजनक या विरक्तिजनक रूप के प्रति कोई रुचि या अरुचि न रखते हुए केवल अपनी तर्कणा और न्याय-भावना की संतुष्टि के लिए तथा विशद् बुद्धि, प्रदीप्त संकल्प, शुद्ध एवं निस्स्वार्थ मन और उच्च एवं नित्यतृप्त आत्मा की संतुष्टि के लिए किया जाता है।

—गीता-प्रबंध, पृ. 526

❋ ❋ ❋

साधना

एक बार व्यक्ति जब पूर्णतया साधना में डूब जाता है तो निद्रावस्था भी जाग्रत् अवस्था की तरह उसका एक अंग बन जाती है।

—गीता-प्रबंध, पृ. 449-450

❋ ❋ ❋

साधना का अर्थ है योगाभ्यास करना। तपस्या का अर्थ है साधना का फल पाने तथा निम्न प्रकृति को जीतने के लिए संकल्प-शक्ति को एकाग्र करना। आराधना का तात्पर्य है भगवान् की पूजा करना, उन्हें प्रेम करना, आत्म-समर्पण करना, उनको पाने की अभीप्सा करना, उनका नाम-जप करना, उनसे प्रार्थना करना। ध्यान है चेतना के भीतर में केंद्रीभूत होना, मनन-चिंतन करना, अंदर समाधि में चला जाना। ध्यान, तपस्या और आराधना में ये सभी साधना के अंग हैं।

—श्रीअरविंद के पत्र (द्वितीय भाग), पृ. 38

❋ ❋ ❋

साधना का उद्देश्य है चेतना को भगवान् की ओर उद्घाटित करना और प्रकृति को रूपांतरित करना। इसे करने का एक उपाय है मनन या ध्यान। पर यह केवल एक उपाय है। भक्ति दूसरा उपाय है। कर्म एक और उपाय है। योगीगण सिद्धि के प्रथम उपाय के रूप में चित्त-शुद्धि की शिक्षा दिया करते थे और उनके द्वारा उन्हें संत का संतभाव और ज्ञानी का शांत भाव प्राप्त होता है। पर जिस चीज को हम प्रकृति का रूपांतर कहते हैं, वह उससे कहीं बड़ी चीज है, और यह रूपांतर केवल मनन-ध्यान से नहीं साधित होता, इनके लिए कर्म आवश्यक है, कर्मयोग अनिवार्य है।

—श्रीअरविंद के पत्र (द्वितीय भाग), पृ. 24

❋ ❋ ❋

साहित्य

किसी साहित्य की महानता सर्वप्रथम उसकी विषयवस्तु के मूल्य एवं महत्त्व में और विचार की उपयोगिता तथा आकारों के सौंदर्य में निहित रहती है, पर साथ ही इस बात में भी कि वह वाणी की कला की ऊँची-से-ऊँची शर्तों को पूरा करता हुआ किसी जाति, युग एवं संस्कृति की आत्मा और जीवन को या उसके जीवंत और आदर्श मन को उसकी किन्हीं महत्तम या अत्यंत संवेदनशील प्रतिनिधि-आत्माओं की प्रतिमा के द्वारा प्रकट और उन्नत करने में किस हद तक सहायक होता है।

—भारतीय संस्कृति के आधार, पृ. 306

❋ ❋ ❋

जो कलाएँ आँख के द्वारा अंतरात्मा को आकर्षित करती हैं, वे ही किसी जाति की भावना और सौंदर्य-वृत्ति तथा उसके सर्जनशील मन की विशेष घनीभूत अभिव्यक्ति पर पहुँच सकती हैं; परंतु उसकी अत्यंत मननशील और बहुमुखी आत्म-अभिव्यक्ति की खोज तो उसके साहित्य में ही करनी होगी, क्योंकि स्पष्ट अलंकार की अपनी समस्त शक्ति या ध्वनि के अपने समस्त सूत्रों के साथ प्रयुक्त किया गया शब्द ही अभिव्यक्त अंतरात्मा के विभिन्न रूपों, प्रवृत्तियों और बहुल अर्थों को अत्यंत सूक्ष्म और विविध रूप में हमारे सामने प्रकट करता है।

—भारतीय संस्कृति के आधार, पृ. 306

❋ ❋ ❋

साहित्य और कला

साहित्य और कला अंतःसत्ता—अंतर मन और प्राण में प्रवेश करने के लिए

प्रथम द्वार होते हैं या हो सकते हैं; क्योंकि वे वहीं से आते हैं। और यदि कोई भक्ति और ईश्वर-जिज्ञासा आदि की कविताएँ लिखता है अथवा इस प्रकार के गीत रचता है तो इसका अर्थ यह है कि उसके अंदर एक भक्त या जिज्ञासु है, जो अपनी अभिव्यक्ति द्वारा अपने आपको परिपुष्ट कर रहा है।

—श्रीअरविंद अपने विषय में, पृ. 271

❋ ❋ ❋

साहित्यिक

साहित्यिक वह है, जो साहित्य तथा साहित्यिक प्रवृत्तियों से स्वयं उन्हीं के हित में प्रेम करता हो।

—श्रीअरविंद अपने विषय में, पृ. 248

❋ ❋ ❋

सिपाही

सिपाही भी एक अकेला व्यक्ति है, वह सबसे डरता है, एक भयानक दंड उसके ऊपर झूलता होता है। जरा सी अविनय होते ही उसे उस दंड का भागी बनना पड़ता है। अपने साथियों में से वह किसी की सहायता पर निश्चित रूप से भरोसा नहीं कर सकता। उनकी ओर से थोड़ा विश्वास हो भी जाए, पर नागरिकों में से तो उसे किसी से भी वास्तविक सहायता के मिलने का भरोसा नहीं होता। इस प्रकार वह नैतिक शक्ति से वंचित हो जाता है, जो उसे विधान और सरकार की सत्ता की अवहेलना करने में उत्साहित करती है।

—मानव-एकता का आदर्श, पृ. 122

❋ ❋ ❋

सुख

ऐसे बहुत आदमी हैं, जो सुख के पीछे नहीं पड़ते और यह भी नहीं मानते कि यह जीवन का सच्चा लक्ष्य है। भौतिक प्राण ही सुख पाने की चेष्टा करता है, वृहत्तर प्राण तो अपने आवेगों को तृप्त करने के लिए अधिकार, महत्त्वाकांक्षा और यश की खोज में या अन्य किसी प्रयोजनवश उसका बलिदान करने के लिए तैयार रहता है। यदि तुम यह कहो कि इसका कारण यह है कि अधिकार, यश आदि से सुख की प्राप्ति होती है तो यह भी सार्वभौम सत्य नहीं है। शक्ति और चाहे जो भी दे, पर साधारणतया सुख नहीं प्रदान करती। अपनी मूल प्रकृति में यह एक ऐसी

वस्तु है, जो श्रमसाध्य है और जिसे पाना, बनाए रखना और उपयोग में लाना कठिनाइयों से परिपूर्ण है।

—श्रीअरविंद के पत्र (चतुर्थ भाग), पृ. 233-234

❋ ❋ ❋

सुख और दुःख

सुख और दुःख हमारी आरंभिक सत्ता पर शासन करते हैं और उस आरंभिक भूमिका में दुःख प्रकृति के द्वारा उन वस्तुओं का विज्ञापन होता है, जिनसे हमें बचना चाहिए, सुख प्रकृति के द्वारा दिया गया उन वस्तुओं की ओर आकर्षण होता है, जिनके अनुसरण के लिए वह हमें लुभाना चाहती है।

—पुनर्जन्म और क्रम-विकास, पृ.118

❋ ❋ ❋

सुभाषित

बौद्धिकता-प्रधान प्रवृत्ति एक और प्रकार की रचना, सुभाषित अर्थात् पद्यबद्ध सूक्तियों की बहुलता के रूप में भी प्रकट होती है। यह श्लोक की स्वतंत्र पूर्णता का एक ऐसा प्रयोग होता है, जिससे कि वह अपनी पृथक् स्वयंपूर्णता में किसी विचार के, जीवन की किसी संक्षिप्त रूपरेखा या महत्त्वपूर्ण घटना एवं किसी भावना के संहत सार और वर्णन को व्यक्त रूप प्रदान करे। वह विचार आदि इस प्रकार प्रकट किए जाते हैं कि उनका मूलभाव बुद्धि को हृदयंगम हो जाए।

—भारतीय संस्कृति के आधार, पृ. 363

❋ ❋ ❋

सेवक

निर्दोष सेवक बनने की शर्त है, सभी अहंकारजन्य प्रयोजनों से मुक्त रहना, वाणी और कर्म में सत्यता के लिए सावधान रहना, स्वैरता और स्वमताग्रह से शून्य होना और सभी बातों में जाग्रत् और अचेत रहना।

—श्रीअरविंद के पत्र (द्वितीय भाग), पृ. 175

❋ ❋ ❋

स्वतंत्र

अपने आप में स्वतंत्र बनो, और इस प्रकार अपने मन, प्राण और शरीर में स्वतंत्र बनो, कारण—आत्मा स्वतंत्र है। *—पुनर्जन्म और क्रम-विकास, पृ. 289*

❋ ❋ ❋

स्वतंत्रता

स्वतंत्रता भी जीवन के लिए उतनी ही आवश्यक है, जितनी कि विधान और शासन-पद्धति; विभिन्नता की हमारी सच्ची पूर्णता में उतना ही स्थान है, जितना कि एकता का।

—मानव-एकता का आदर्श, पृ. 256

* * *

स्वदेश-प्रेमी

स्वदेश-प्रेम और जातीय भाव दो स्वतंत्र विधियाँ हैं। स्वदेश-प्रेमी स्वदेश के सेवाभाव में उन्मत्त रहते हैं, सर्वत्र स्वदेश को इष्टदेवता मान अपने सभी कर्म यज्ञरूप में समर्पण कर देश के हित के लिए करते हैं, देश के स्वार्थ में अपने स्वार्थ को डुबा देते हैं।

—बँगला रचनाएँ, पृ. 175

* * *

स्वधर्म

स्वधर्म स्वभावनियत कर्म है। कालक्रम में स्वभाव की अभिव्यक्ति और परिणति होती है। कालक्रम में मनुष्य का जो साधारण स्वभाव गठित होता है वही है, स्वभावनियत कर्म युगधर्म। राष्ट्र की कर्मगति से जो राष्ट्र-स्वभाव गठित होता है, उसी स्वभाव द्वारा नियत कर्म है, राष्ट्र का धर्म। व्यक्ति की कर्मगति से जो स्वभाव गठित होता है, उसी स्वभाव द्वारा नियत कर्म है व्यक्ति का धर्म। ये नाना धर्म सनातन धर्म के साधारण आदर्श द्वारा परस्पर संयुक्त और सुशृंखलित होते हैं। साधारण धार्मिक व्यक्ति के लिए यही धर्म है—स्वधर्म।

—बँगला रचनाएँ, पृ. 73

* * *

स्वराज्य के आदर्श

हमारे स्वराज्य के आदर्श में किसी अन्य राष्ट्र के प्रति घृणा का कोई समावेश नहीं है और न देश में कानून के इस समय स्थापित प्रशासन के प्रति कोई घृणा है। वे झूठ बोलते हैं, जो कहते हैं कि इस आकांक्षा में घृणा और हिंसा आवश्यक है। हमारा देशभक्ति का आदर्श प्रेम और भ्रातृत्व के आधार पर चलता है और यह राष्ट्र की एकता के परे देखता है और मानव-जाति की चरम एकता का भी विचार करता है। किंतु हम खोजते हैं भाइयों की एकता, समाज और स्वतंत्र लोगों की एकता, न कि स्वामी और दास की एकता, भक्षक और भक्ष्य की एकता। हम एक स्पष्ट जाति

और राष्ट्र के रूप में अपनी समष्टिगत सत्ता के बोध की माँग करते हैं, क्योंकि इसी विधि से मानव-जाति की चरम एकता प्राप्त की जा सकती है। जातियों को तथा बाह्य विशिष्टताओं को समाप्त करके नहीं, एकता में आंतरिक बाधाओं—घृणा, विद्वेष और भ्रमों को दूर करके।

—महायोगी श्रीअरविंद, पृ. 20

❋ ❋ ❋

स्वस्थ

स्वस्थ होने के लिए पहली चीज यह करनी चाहिए कि स्नायुओं के आक्रमण के वश में मत होओ। तुम इन विचारों और वेदनों के जितना अधिक वश में होते हो और उनके साथ तादात्म्य करते हो, वे उतने ही अधिक बढ़ते हैं। तुम्हें अपने को पीछे हटा लेना है और अपने अंदर किसी ऐसी वस्तु को फिर से खोज निकालना है, जो पीड़ाओं और अवसादों से प्रभावित नहीं होती। उसके बाद वहाँ स्थित होकर तुम पीड़ाओं और अवसादों से मुक्ति पा सकते हो।

—श्रीअरविंद के पत्र, (चतुर्थ भाग), पृ. 563-564

❋ ❋ ❋

स्वाधीनता

जाति के लिए पराधीनता है मृत्यु का दूत; और आज्ञावाहक स्वाधीनता में ही जीवन-रक्षा है। स्वाधीनता में ही उन्नति की संभावना है।

—बँगला रचनाएँ, पृ. 183

❋ ❋ ❋

स्वाधीनता से हमारा अभिप्राय है अपनी सत्ता के नियम के अनुसार चलना, अपनी स्वाभाविक आत्मपरिपूर्णता तक विकसित होना और अपने वातावरण के साथ स्वाभाविक और स्वतंत्र रूप में समस्वरता प्राप्त करना।

—मानव-एकता का आदर्श, पृ. 158

❋ ❋ ❋

स्वार्थपरता

स्वार्थपरता का अर्थ है स्वयं अपने लिए जीना, अपने से महत्तर किसी चीज के लिए नहीं। सब समय भगवान् के ऊपर एकाग्र होने का मतलब है, अपनी व्यक्तिगत सत्ता और उसके लक्ष्यों से बाहर निकलकर किसी महत्तर सत्ता में चले जाना और उसी महत्तर सत्ता के उद्देश्यों की सेवा करना। सर्वथा दूसरों के लिए

जीना जितनी बड़ी स्वार्थपरता हो सकती है, उससे बड़ी स्वार्थपरता यह नहीं है।

—श्रीअरविंद के पत्र (चतुर्थ भाग), पृ. 327-328

❊ ❊ ❊

हिंदू-धर्म

हिंदू-धर्म के रीति-रिवाज, आचार-अनुष्ठान, इसकी पूजा और उपासना की प्रणाली केवल तभी समझ में आ सकती है, यदि हम इसके मूल स्वरूप को ध्यान में रखें। सर्वप्रथम यह कट्टरता से रहित एक सर्वसमावेशी धर्म है, और यदि इसलाम और ईसाइयत समावेश की प्रक्रिया को सहन करते तो यह उन्हें भी अपने अंदर मिला लेता। इसके मार्ग में जो कुछ भी आया है, वह सब इसने अपने अंदर ले लिया है, और यदि वह अति-भौतिक लोकों के सत्य तथा अनंत के सत्य के साथ अपने रूपों का कोई यथार्थ संबंध स्थापित कर सका तो वह उतने से ही संतुष्ट रहा है। और फिर अपने अंतस्तल में इसे सदैव यह ज्ञान रहा है कि यदि धर्म को कुछ एक संतों और विचारकों के लिए ही नहीं बल्कि जनसाधारण के लिए एक वास्तविक वस्तु बनना हो तो उसे हमारी सारी-की-सारी सत्ता को केवल अतिबौद्धिक और बौद्धिक भाव को ही नहीं, बल्कि अन्य सभी भागों को अपनी पुकार सुनानी होगी। कल्पना भावावेग और सौंदर्य-बुद्धि को, यहाँ तक कि अर्द्ध अवचेतन भागों की निज सहज-प्रवृत्तियों को भी अपने प्रभाव में लाना होगा।

—भारतीय संस्कृति के आधार, पृ. 112

❊ ❊ ❊

हिंदू-धर्म केवल प्रसंगवश ही कुछ आदेशों को एक सूत्र में पिरो देता है, नैतिक नियमों की एक तालिका दे देता है, अधिक गहरे रूप में वह मन की एक आध्यात्मिक या नैतिक शुद्धता का आदेश देता है और कर्म उस शुद्धता का केवल एक बाह्य लक्षण है। वह काफी बलपूर्वक, प्राय: अत्यंत बलपूर्वक कहता है, 'तुझे हिंसा नहीं करनी चाहिए', परंतु इस आदेश पर अधिक दृढ़ता के साथ बल देता है कि 'तुझे घृणा नहीं करनी होगी; लोभ, क्रोध या द्वेष के वश में नहीं होना होगा', क्योंकि ये ही हिंसा के मूल हेतु हैं। और हिंदू-धर्म सापेक्ष मानदंडों को स्वीकार करता है, जो एक ऐसा ज्ञान है जो यूरोपीय बुद्धि के लिए अत्यंत गहन है। हिंसा न करना उसका सर्वोच्च नियम है, 'अहिंसा परमो धर्मः', तथापि वह इस योद्धा के लिए एक स्थूल नियम के रूप में प्रस्थापित नहीं करता, बल्कि उसे युद्ध न करने वाले दुर्बल, निरस्त,

पराजित, बंदी, आहत और पलायनकारी के प्रति दया, संरक्षण और आदरभाव के व्यवहार की आग्रहपूर्वक माँग करता है और इस तरह समस्त जीवन के लिए एक अत्यंत निरपेक्ष नियम की अव्यवहार्यता से बच जाता है।

—*भारतीय संस्कृति के आधार, पृ. 115*

❋ ❋ ❋

हिंदू-धर्म ने अंतिम को भी सदैव अत्यधिक महत्त्व दिया है; उसने जीवन के किसी भी अंग को एकदम लौकिक तथा धार्मिक और आध्यात्मिक जीवन के लिए विजातीय वस्तु कहकर अपने क्षेत्र से बाहर नहीं छोड़ा है।

—*भारतीय संस्कृति के आधार, पृ. 155*

❋ ❋ ❋

हिटलर

हिटलर और उसके मुख्य उपसेनापति गोअरिंग और गोब्बल्स निश्चय ही प्राणिक सत्ताएँ हैं या प्राणिक सत्ताओं से अधिकृत हैं, अतः तुम उनसे साधारण बुद्धि की आशा नहीं कर सकते। कैसर चाहे पूरी तरह से पैशाचिक था, फिर भी वह उनकी अपेक्षा कहीं अधिक मानवीय व्यक्ति था; ये लोग तो कदाचित् मनुष्य हैं ही नहीं। यूरोप में उन्नीसवीं सदी प्रधान रूप से मानवीय युग थी। अब वहाँ प्राणिक जगत् का अवतरण होता दीख रहा है।

—*श्रीअरविंद अपने विषय में, पृ. 20*

❋ ❋ ❋

विविध

जगत् हमारे अनुभव के लिए ढाँचा भर है, और इंद्रियाँ हैं हमारे अनुभव के साधन एवं सुविधाएँ मात्र। आधारभूत महान् चेतना तथ्य है, इस विश्वसाक्षी के लिए जगत् क्षेत्र है, इंद्रियाँ साधन हैं। ये जगत् और उनके विषय अपनी वास्तविकता के लिए इसी साक्षी की शरण लेते हैं और एक लोक या अनेक, भौतिक लोक हो या अतिभौतिक, उनके बारे में यह बात समान रूप से लागू होती है कि उनके अस्तित्व के संबंध में हमारे पास इस साक्षी के अतिरिक्त और कोई प्रमाण नहीं है।

—*दिव्य जीवन, पृ. 23*

❋ ❋ ❋

यह विचार कि मनुष्य-जाति एक अखंड जाति है, जिसका एक सा जीवन और

एक सा सामान्य हित है, आधुनिक मन की एक अत्यंत विशिष्ट और महत्त्वपूर्ण उपज है।

—मानव-एकता का आदर्श, पृ. 295

❋ ❋ ❋

यदि तुम ज्ञान प्राप्त करना या सबको भाई के रूप में देखना या शांति पाना चाहते हो तो तुम्हें अपने विषय में, अपनी कामनाओं, भावनाओं अपने प्रति लोगों के व्यवहार आदि के विषय में कम सोचना चाहिए तथा भगवान् के विषय में अधिक सोचना चाहिए—अपने लिए नहीं, भगवान् के लिए जीवन धारण करना चाहिए।

—श्रीअरविंद के पत्र (द्वितीय भाग), पृ. 320